Christian Dingenotto
unter Mitarbeit von
Lukas Bohnenkämper, Hannah Brust, Caroline Kaiser, Stephanie Kirsch

Cultural Business
Werbefibel 2009/10

www.cultural-business.com

© 2008 Christian Dingenotto, Lukas Bohnenkämper, Hannah Brust, Caroline Kaiser, Stephanie Kirsch
Herstellung und Verlag: Books on Demand GmbH Norderstedt
ISBN: 9783837056679

Bibliografische Information der Deutschen Nationalbibliothek
Die Deutsche Nationalbibliothek verzeichnet diese Publikation in der Deutschen Nationalbiblio-
grafie; detaillierte bibliografische Daten sind im Internet über http://dnb.d-nb.de abrufbar

Inhalt

Bevor es losgeht: Fragen und Antworten

Zu diesem Buch

- **Warum eine Werbefibel?**
  - Dieses Buch ist deshalb notwendig geworden, da Werbung kaum noch eine Frage von Budget sondern von Ideen und dem kreativen Einsatz von kostenlos verfügbaren Werbemedien ist.
  - Während Cultural-Business den Projektansatz in Gänze betrachtet, wird hier speziell im Themenfeld der Vermarktung der Bereich Werbung betrachtet, so praxis- und zeitnah wie möglich.
  - Zwar bleibt die Grundmethodik der Anspracheketten gleich, doch ist davon auszugehen, dass sich die vorgestellten Medien bis 2010 verändert haben.
- **Für wen ist dieses Buch?**
  - Es richtet sich an alle, die Werbung im Kulturbereich betreiben müssen, und deren Werbebudget unter 50 € liegt.
- **Was ist nicht enthalten?**
  - Alle vertiefenden Inhalte, die bereits das Buch „Cultural Business" abdeckt, d.h. Grundregeln des Projektmanagements, wie Machbarkeitsanalyse, Steuerung und die allgemeinen Elemente aus Vermarktung und Produktion.

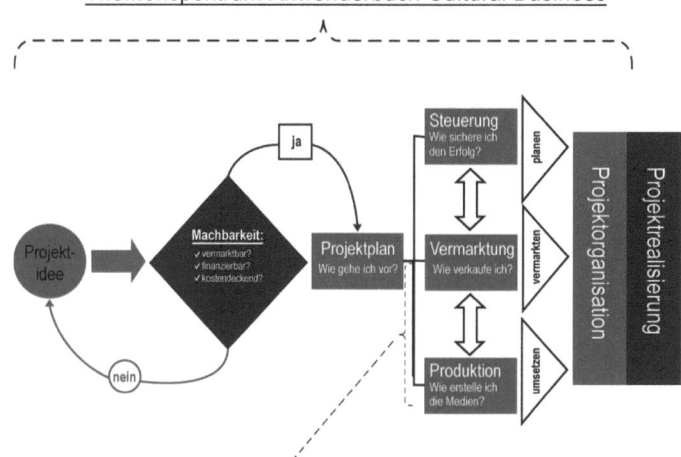

Themenspektrum Anwenderbuch Cultural Business

Themenspektrum Werbefibel Cultural Business

Zu Cultural Business allgemein

- **Was ist Cultural Business?**
  - Cultural Business ist eine Projektmanagementmethode innerhalb des Kulturmanagements.
  - Ihr Hauptziel ist es, Kulturprojekte und -Institutionen kostendeckend zu vermarkten. Sie vereinigt praxisorientiert Methoden aus Betriebswirtschaft, Projektmanagement, Marketing und Gestaltung. Der inhaltliche Schwerpunkt liegt insgesamt auf den Vermarktungsaspekten. Mit möglichst geringem finanziellem Aufwand wird eine professionelle und erfolgreiche Außenwirkung erzielt.
- **Warum Cultural Business?**
  - Die geringer werdende staatliche Förderung und ein sich dramatisch änderndes Kommunikationsverhalten von Museumsbesuchern, Kulturinteressierten und -förderern werden zu einer echten Bedrohung der kulturellen Vielfalt in Deutschland. Die aktive Vermarktung von Kulturprojekten kann es schaffen, auch für Themen, die nicht auf den ersten Blick im öffentlichen Interesse stehen, in überschaubarem Maße Finanzmittel bereitzustellen.
- **Wofür ist Cultural Business?**
  - Die Erfolgschancen des jeweiligen Kulturprojektes werden schon in einem frühen Stadium klar erkennbar.
  - Projekte können so vermarktet und dargestellt werden, dass auch die Kosten für die Themen eingespielt werden, für die auf den ersten Blick das öffentliche Interesse gering erscheint.
- **Für wen ist Cultural Business?**
  - Geisteswissenschaftler und Kulturinstitutionen, die über keine oder wenig finanzielle Mittel verfügen, können über eine geschickte Projektplanung manche Projektideen umsetzen, die zunächst nicht finanzierbar erscheinen.

0 „Gebrauchsanleitung"

Um Ihnen die Arbeit mit dem Buch zu erleichtern, hier vorab ein paar Hinweise zur Gliederung und zum Gebrauch:

Teil 1

In vier ausgewählten Szenarien wird beschrieben, wie welche kostenlosen oder kostengünstigen Werbemedien zusammenspielen können. Auf den Grafiken der Anspracheketten am Anfang der Kapitel sind die empfohlenen Medien jeweils hervorgehoben dargestellt. So kann jeweils die bestmögliche Werbewirkung erreicht werden.

Teil 2

Die Medien werden in alphabetischer Reihenfolge in kurzen Steckbriefen beschrieben. Diese enthalten sowohl Hinweise für den Einsatzbereich (Szenario), Nutzen für die Geisteswissenschaften, sowie Angaben wo die Werkzeuge im Internet zu finden sind. Manche Vorlagen wurden direkt für Cultural Business entwickelt, sie finden sich dann direkt auf der Website **www.cultural-business.com.**

Teil 3 und Anhang

Mögliche Fragen zu verwendeten Fachbegriffen werden in einem Glossar ebenso beantwortet, wie andere wissenswerte Fragen rund um Werbung. Dies umfasst auch rechtliche Rahmenbedingungen und eine Gesamtcheckliste, mit der geprüft werden kann, was bei einem Projekt über die werblichen Aspekte hinaus noch zu berücksichtigen ist. Sie war in Teilen bereits im Buch „Cultural Business - Kultur mit Gewinn" enthalten und wird auf Wunsch der Leser und Anwender nochmals fortlaufend abgedruckt.

Zum Schluss: Dieses Buch ist selbst ein Fallbeispiel. Die Instrumente für das vorgestellte Szenario Publikation wurden vom Projektteam selbst genutzt, und auch die Projektteilnehmer und Autoren stellen sich selbst kurz vor.

Die Ansprachekette - ein System für erfolgreiche Werbung

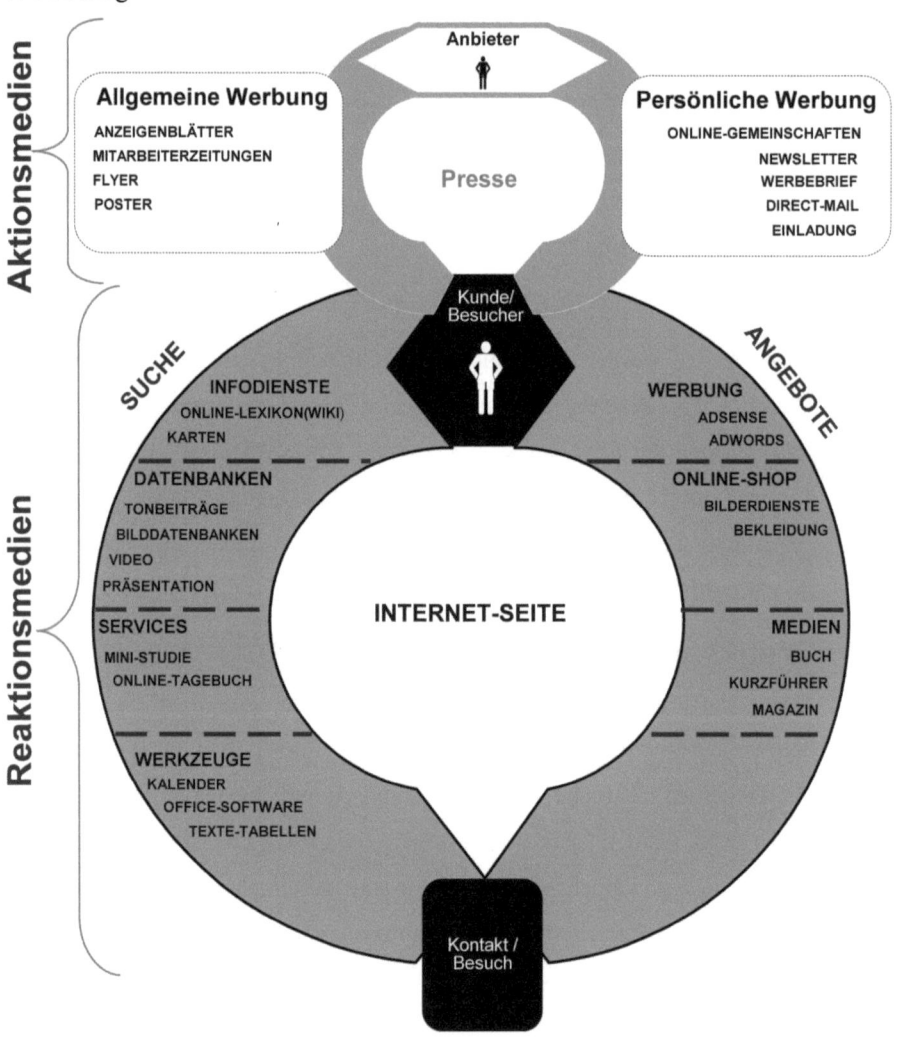

Die Ansprachekette bildet das Kernstück dieser Werbefibel. Sie beschreibt (unabhängig vom Kulturbereich), wie Sie mit welchen Medien und Aktionen Ihre Zielgruppe mit Werbebotschaften erreichen. Sie hat das Ziel, über eine Reihe verschiedener Medien den „Kunden" anzusprechen, damit eine Reaktion ausgelöst wird. Wir sind täglich (unbewusst) bis zu 3000 Werbebotschaften (vom Markenlogo auf der Shampooflasche bis hin zum Fernsehspot) ausgesetzt. Angesichts dieser Reizüberflutung muss die Zielgruppe erfahrungsgemäß mindestens dreimal mit derselben Botschaft konfrontiert werden, damit überhaupt eine Reaktion ausgelöst werden kann. Das bedeutet aber nicht, dass Sie den Kunden immer wieder mit dem gleichen Medium ansprechen und ihm ggf. sogar damit auf die Nerven gehen. Vielmehr können Sie die Vielzahl von Medien nutzen, die Ihnen zur Verfügung stehen. Damit erfüllt die Werbung auch wieder ihren eigentlichen Zweck: Sie gibt Ihrer Zielgruppe die Möglichkeit, eine (hoffentlich positive) Entscheidung zu fällen. Daher muss die Ansprachekette so konstruiert sein,

- dass sie erlaubt, noch während der Werbeaktion den Werbeerfolg zu messen, damit Sie ggf. weitere Aktionen auslösen können, wenn die Werbewirkung zu gering zu werden droht, und
- dass sie Ihre finanziellen Mittel nicht übersteigt (ein Fernsehspot mag sinnvoll sein, ist aber in den wenigsten Fällen auch bezahlbar).

Maßgeschneidert - Das Prinzip der Ansprachekette im Kulturbereich

Die Grundüberlegung zu einer Ansprachekette ist relativ einfach:

Sie als Anbieter lösen über eine Vielzahl möglicher Medien (Werbung, Persönliche Werbung, Presse) bei Ihrer Zielgruppe eine Reaktion aus (Aktionsmedien im oberen Teil der Grafik), damit sie sich weiter (z.B. über das Internet) über Ihr Projekt / Angebot informiert (Reaktionsmedien im unteren Teil der Grafik). Am Ende dieser Informationsphase hat die Zielgruppe sich dann idealerweise für Ihr Angebot entschieden, bzw. nimmt je nach Projekt Kontakt mit Ihnen auf.

Ist die Messbarkeit noch leicht zu bewerkstelligen, so waren viele Medien lange zu teuer für den Kulturbereich. Dies hat sich geändert: durch viele kostenlose Programme, vor allem im Internet, ist eine effiziente Kulturvermarktung schon unter 50 € machbar. Und das ohne dass sie zu stümperhaft und „handgestrickt" wirken muss.

Die Grundelemente einer Ansprachekette

Letztendlich lassen sich die Medien in zwei Kategorien einteilen.

- Die Aktionsmedien (in der Fachsprache Pushmedien) sind die Medien, mit denen der Werbetreibende die Zielgruppe „anstößt" wie z.B. Presseartikel, Plakatwerbung oder Werbebriefe.
- Die Reaktionsmedien (in der Fachsprache Pullmedien) sind die Medien, aus denen sich die Zielgruppe die Informationen selbst „zieht".

Und dies sind auch die wesentlichen Elemente unserer Ansprachekette und Kommunikation. Mit den Aktionsmedien wirken Sie auf Ihre Zielgruppe ein, die sich dann durch die Reaktionsmedien, allen voran das Internet, weiterinformiert. Letzten Endes muss durch diesen Prozess dann die gewünschte Reaktion, der Kauf der angebotenen Leistung (z.B. Ausstellungsbesuch), ausgelöst werden. Damit der Erfolg gut messbar ist, werden alle Medien darauf ausgerichtet, dass die Zielgruppe sich online über eine Internetseite informieren kann. Über die Besucherzahlen der Website erhalten Sie dann einen groben Eindruck, ob Ihre Werbemaßnahme wirkt. Auf der Webseite erreichen Sie mit vielen vertiefenden Informationen und Medien zu Ihrem Kulturprojekt (linker Pfeil), dass Sie in den Suchmaschinen leichter gefunden werden. Außerdem können Sie über viele kostenlose Dienste im Internet sogar Zusatzangebote (rechter Pfeil) zu Ihrer Hauptleistung vermarkten und verkaufen. Vorausgesetzt ist natürlich, dass die Zielgruppe dem Internet gegenüber aufgeschlossen ist, wenn nicht wird die Messung schwieriger, sie ist jedoch immer noch möglich.

Die Aktionsmedien

Unter „allgemeiner Werbung" (Themenblock auf dem linken oberen Pfeil der Grafik) wurden alle die Medien zusammengefasst, mit der eine größere Anzahl der Zielgruppe erreicht werden kann, und hier auch nur die, die kostengünstig oder kostenlos von Kulturprojekten genutzt werden können. Die Instrumente der „persönlichen Werbung" (auch Dialog- oder Direktmarketing genannt) setzen voraus, dass die Adressaten namentlich bekannt sind (dargestellt im Themenblock auf dem rechten oberen Pfeil der Grafik). Denn die Chancen, dass z.B. Ihr Werbebrief wirklich gelesen wird, sind zu über 40 % davon abhängig, dass Sie im Vorfeld abschätzen können, ob die Werbeinformationen für den Briefempfänger wirklich interessant sind. Beide Mediengruppen werden häufig parallel eingesetzt, z.B. ist es wahrscheinlicher, dass ein Adressat einen Werbebrief öffnet und genauer liest, wenn er vorher ein Plakat oder einen Flyer zu dem Projekt gesehen hat.

Gleichgültig welches Medium aus welcher Gruppe Sie nutzen, bitte berücksichtigen Sie, dass es sich um AKTIONSmedien handelt. Das heißt es muss in jedem Fall über eine oder mehrere konkrete Handlungsaufforderungen deutlich werden, was die Zielgruppe tun soll: z.B. sich auf der Website genauer informieren, ein Produkt kaufen, eine Ausstellung besuchen, etc.

Idealerweise werden die allgemeine und die persönliche Werbung miteinander kombiniert. Sorgt die erste für eine grundsätzliche Präsenz Ihrer Botschaft in den Köpfen, liefert die zweite den direkten Impuls. Damit ist auch die Reihenfolge klar: die Werbung muss an den Kontaktpunkten mindestens einige Zeit vor Versand der Briefe „ausliegen", damit die Adressaten grundsätzlich die Chance hatten, von Ihrer Aktion schon vorher zu erfahren.

Die persönliche Kommunikation setzt voraus, dass die Mitglieder der Zielgruppe namentlich mit Adresse (Post- oder E-Mail) bekannt sind, und dass Sie eine grobe Vorstellung von deren Grundbedürfnissen haben. Dies ist bei den Mitgliedern eines Freundeskreises oder Vereines genau so der Fall wie bei Abonnenten einer Zeitschrift etc. Der Vorteil der persönlichen Kommunikation liegt auf der Hand:

- Sie können viel direkter in Kontakt treten, und können viel einfacher messen, ob Ihre Aktion Erfolg hat. Beispielsweise wieviele der Angeschriebenen kommen wirklich zur Ausstellungseröffnung, melden sich aufgrund Ihres Spendenaufrufes etc.?

- Sie können über eine regelmäßige Kommunikation (z.B. Rundbriefe oder auch Anschreiben zu verschiedenen Themen) immer mehr über die einzelnen Zielgruppenmitglieder lernen. Sie können beispielsweise schon nach wenigen Versandaktionen erfahren, wer sich grundsätzlich für welchen Ausstellungstyp interessiert.

- Dadurch schicken Sie den Zielpersonen nach und nach nur noch Informationen, die für sie wirklich relevant sind. D.h. wenn Sie wissen, dass sich von Ihren 600 Freundeskreismitgliedern zweihundert für die klassische Antike interessieren, dann erhalten auch nur diese die entsprechenden Informationen. Die anderen werden ihnen dankbar sein, wenn Sie diese mit Ihrer Werbung „verschonen", und Sie sparen natürlich Porto.

Eine persönliche Werbung ist dann für die Adressaten sogar angenehm, da sie wissen, dass sie nur Dinge erhalten, die sie interessieren.

Die Reaktionsmedien und die Internetseite Ihres Projektes (unterer Teil der Grafik)

Vorausgesetzt Ihre Zielgruppe akzeptiert das Internet als Informationsmedium, können Sie über die <u>Klickraten</u> den Erfolg Ihrer Aktionsmedien messen. Außerdem steht Ihnen online eine Vielzahl von Werkzeugen zur Verfügung, mit denen Sie kostengünstig Ihrer Zielgruppe zusätzliche Informationen anbieten (linker unterer Pfeil) und Ihre Botschaften verbreiten können. Dem rechten Pfeil sind Werkzeuge zugeordnet, mit denen Sie zu Ihrem eigentlichen Projekt zusätzliche Gelder erwirtschaften können. Sie sind so ausgewählt, dass Sie für die Produktion wenig zusätzliches Budget benötigen. Die Gesamtwirtschaftlichkeit wird durch diese Zusatzprodukte damit nicht gefährdet. Dies ist bei solchen Shop-Produkten oder Merchandising-Produkten mitunter nicht der Fall.

Anspracheketten je nach Werbeszenario

Doch sieht die Ansprache immer gleich aus? Natürlich nicht - je nach Situation und Aufgabenstellung sind andere Medien zu nutzen, um den gewünschten Effekt zu erzielen. Um es Ihnen möglichst einfach zu machen, haben wir die vier häufigsten Szenarien der Kulturvermarktung herausgearbeitet, zusammen mit einer Empfehlung, wie Sie die AnspRachekette mit welchem Medium im konkreten Fall am besten aufbauen:

Szenario	Aufgabe der Ansprachekette	Komplexität/ Herausforderung
A) Ausstellung/ Veranstaltung	Bekanntheit, Besuchergewinnung	Der Zeitdruck ist hier am höchsten. Der Termin steht fest und der Zeitraum, in dem auch zusätzlich für Besucher geworben werden kann, ist sehr begrenzt. Die Wahl der Medien ist hier daher am schwierigsten und die Wirkungsweisen am komplexesten.
B) Netzwerke und Freundeskreise	Kundengewinnung-/ bindung Mitgliederpflege	Für die Mitgliederwerbung können die Prinzipien für die Ausstellung verwendet werden. Wichtig ist hier vor allem, die bestehenden Mitglieder über Serviceleistungen an den Förderverein zu binden. Nur so wird letztendlich für die Stabilität und den Fortbestand der Organisation gesorgt.
C) Ausgrabungen und Forschungsprojekte	Bekanntheit / Vermarktung Lobbyarbeit	Neben der Finanzierung ist hier vor allem bei Ausgrabungen und Notgrabungen die Schwierigkeit, Unterstützung im Projektumfeld bzw. bei Multiplikatoren zu erreichen. Mit Projektumfeld sind im Falle der Ausgrabung vor allem die Lokalpolitik und die Bevölkerung gemeint, im Falle des Forschungsprojektes geht es um Lobbyarbeit in den jeweiligen Gremien.

Szenario	Aufgabe der Ansprachekette	Komplexität/ Herausforderung
D) Publikation	Vermarktung	Hier müssen mindestens die Kosten gedeckt werden. Allerdings ist der Vermarktungszeitraum in der Regel länger und die Möglichkeiten über ein „Vertriebsnetz" aus Bekannten sind größer.

Die Ansprachketten für diese Szenarien werden mit ihrer Wirkungsweise im Zusammenspiel mit den jeweiligen Medien im Nachgang ausführlich beschrieben.

Bevor die Wirkung der Szenarien ausgeführt wird, noch eine Grundregel: Werben heißt Verkaufen. Werbung ist immer nur Mittel zum Zweck. Ihr Hauptziel ist es, Ihr Projekt kostendeckend zu vermarkten. Damit das gelingt, müssen Sie Ihr Projekt so bekannt wie möglich machen und den Nutzen möglichst (werbe-)wirksam Ihrer Zielgruppe mitteilen. Das bedeutet: der schönste Entwurf und die geistreichste Kommunikation nützen nichts, wenn sie nicht helfen, Ihr Ziel zu erreichen. Daher wird am Anfang jedes Szenario grob beschrieben, wie ein Hauptziel (z.B. kostendeckend) aussehen kann und, daraus abgeleitet, ein Kommunikationsziel aussehen kann.

1 Die Szenarien

A) Ausstellung / Veranstaltung

Wie in der Übersicht beschrieben, handelt es sich hier um das anspruchsvollste jedoch wohl häufigste Szenario, und das „Schwierigste" ist: Sie haben keine zweite Chance. Wenn Sie den <u>Werbedruck</u> über die Ansprachekette nicht im Vorfeld hoch genug aufgebaut haben, kann es zwar immer noch sein, dass Ihr Projekt in Fachkreisen hoch gerühmt wird, nur wird Ihnen das wenig nützen, wenn es am Ende nicht Ihre Kosten deckt. Je höher die Aufmerksamkeit, die Sie im Vorfeld schaffen, je höher ist der „Marktwert" Ihres Projektes und seine Attraktivität für mögliche Sponsoren.

Hauptziel für das Szenario **Ausstellung /Veranstaltung**

- Sie brauchen zu dem eigentlichen Termin eine Anzahl von x Personen, die Ihre Ausstellung besuchen und hierfür bezahlen. Sonst erreichen Sie Ihr Kostendeckungsziel nicht.

Werbeziel / Funktion für das Szenario **Ausstellung /Veranstaltung**

- Sie brauchen bis zu einem früheren Termin y eine wesentlich größere Anzahl (zwischen 3 und 10 mal mehr als ihre Zielzahlen) von x Personen, die Ihr Projekt kennen.

Für Ihre Werbestrategie heißt das natürlich, dass Sie die ganze Vielfalt der Medien nutzen sollten ohne sich, das ist das Schwierigste, dabei in dieser Vielfalt zu verlieren.

Deshalb beachten Sie bitte:

- Nutzen Sie nur die Medien, die Ihre Zielgruppe auch wahrnimmt. Die beste und günstigste E-Mail-Aktion nützt nichts, wenn Ihre Zielgruppe (z.B. Senioren) dieses Medium ungern nutzt.

- Die wesentlichen Aussagen (Kernbotschaften) zu Ihrem Projekt müssen in jedem Medium identisch sein. Das ist spätesten dann nicht selbstverständlich, wenn unterschiedliche Personen die einzelnen Medien erstellen.

Die Ansprachekette Ausstellung/ Veranstaltung

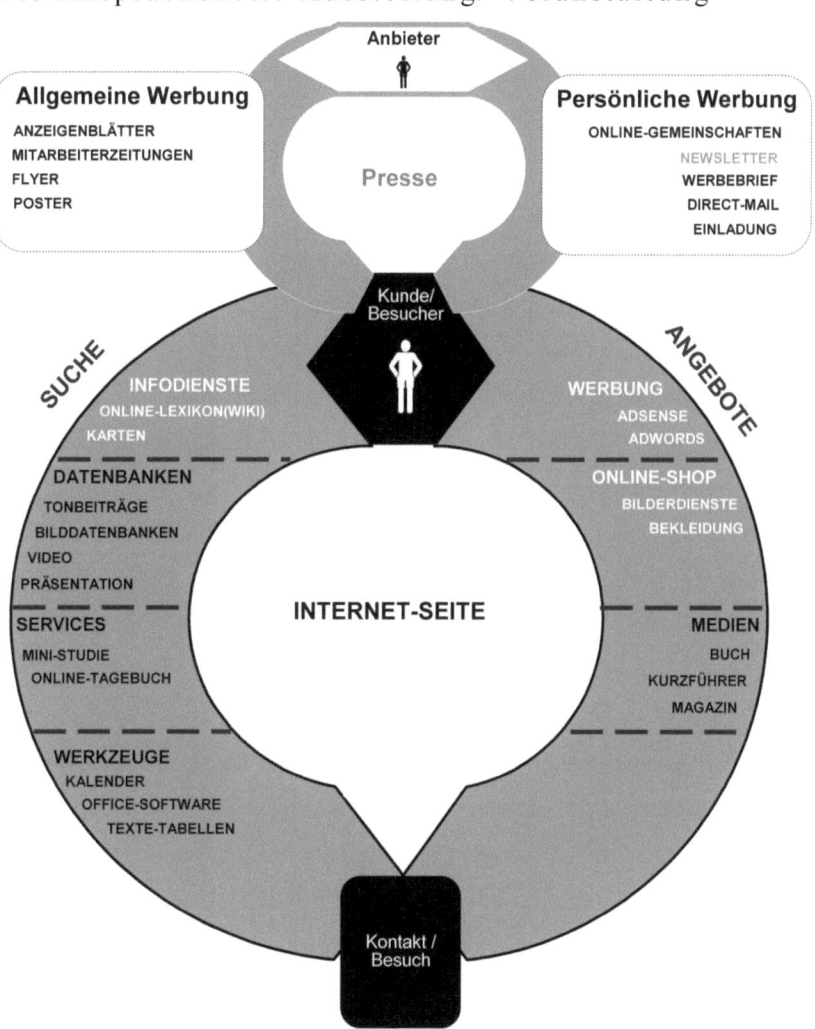

Am Anfang steht der Flyer. Die unter www.cultural-business.com bereitge-
stellte Vorlage erlaubt Ihnen, kostengünstig, dieses Kernmedium zu erstellen.
Er kann natürlich sowohl dort an Kontaktpunkten (in Prospektständern, an
Pinnwänden, etc.) hinterlegt werden, wo Ihre Zielgruppe auftaucht, als auch
einem Werbebrief beigelegt werden. Im Flyer bringen Sie die wesentlichen
Aussagen auf den Punkt. Neben der Handlungsaufforderung enthält er, wie
alle anderen Medien, die (leicht merkbare) Internetadresse Ihres Projektes,
damit sich die Zielgruppe die Informationen schnell wieder beschaffen kann.
Die „Überlebensdauer" eines Flyers liegt schon im günstigsten Fall bei 30
Sekunden. Die Wenigsten heben sich einen Flyer nach Durchsicht wirklich
auf. Deshalb ist es auch sinnvoll, diesen Flyer als pdf noch einmal zum
Download auf Ihrer Website zu hinterlegen. Damit ermöglichen Sie es Ihrer
Zielgruppe auch, ihren Bekannten und Freunden diesen Flyer per E-Mail
weiterzuempfehlen. Eine effektivere und glaubwürdigere Werbung als das
Weiterempfehlen gibt es nicht. Der Flyer sollte überall dort ausliegen, wo Sie
Ihre Zielgruppe erreichen, idealerweise auch in Kombination mit einem kleinen Poster / Plakat, um die Aufmerksamkeit stärker an sich zu ziehen. Dadurch, dass Sie an solchen Orten Ihre Zielgruppe nicht namentlich identifizie-
ren können, haben Sie natürlich relativ hohe so genannte Streuverluste, d.h.
Sie können nicht genau sagen wieviele Sie wirklich von Ihrer Zielgruppe
erreichen.

Liegen Flyer und Poster erst einmal eine Zeit an den Kontaktpunkten aus
(andere Museen, Prospektständer, etc.), und stellen Sie fest, dass die Flyer
wirklich mitgenommen werden (d.h. wird der Prospektständer wirklich immer leerer und sein Inhalt landet nicht in der Mülltonne), dann ist der richtige
Zeitpunkt gekommen, mit der persönlichen Kommunikation zu starten. Der
Schlüssel hierfür ist ein guter Informations- und Adressdatenbestand. Diesen

sollten Sie, falls Sie in einem Kulturbetrieb arbeiten, sorgfältig über Jahre aufbauen. Falsche Adressen kosten Ihr Geld, und Briefe an Personen, die sich z.B. für Ihre Ausstellung nicht interessieren, führen auch noch zur Verärgerung. D.h. je mehr Sie über die Personen wissen, je angenehmer ist es für diese Werbung zu erhalten und je höher ist die Wahrscheinlichkeit, dass sie auf Ihre Schreiben auch reagieren.

Wie das Zusammenspiel der verschiedenen Instrumente wirkt, kann am besten über eine Internetseite gemessen werden. Funktioniert die Anspracheket te, so müssen Sie auf der Internetseite die Auswirkungen wenige Sekunden oder wenige Tage nach dem jeweiligen Werbeimpuls sehen können, z.B.:

- Die Zahl der Besucher steigt deutlich,
- Ihre Internetseite steht bei Eingabe von Suchbegriffen (die die Zielgruppen wählen würden) in Suchmaschinen auf den ersten vier Plätzen,
- die Unterseiten mit besonderen Angeboten werden öfter geklickt,
- die Verkaufszahlen Ihrer Angebote auf der Internetseite (z.B. Spreadshirt) steigen,
- die Kommentare in Blogs und Foren nehmen zu, etc. …

Das Zusammenspiel aus persönlicher Werbung und allgemeiner Werbung ist nie abgeschlossen. Die Zielgruppe braucht regelmäßig neue Impulse über die Aktionsmedien damit die Ausstellung „in den Köpfen bleibt" und die Bekanntheit stetig gesteigert bzw. aufrechterhalten wird. D.h. spätestens immer dann, wenn die Besucherzahlen auf der Internetseite sinken, ist ein neuer Impuls über die persönliche und / oder allgemeine Werbung erforderlich. Sonst riskieren Sie, dass Sie die beabsichtigte Anzahl der Besucher nicht erreichen. Gehen Sie dann noch davon aus, dass immer weniger Personen die Ausstellung tatsächlich besuchen als auf der Internetseite waren, so müssen die Klickzahlen Ihrer Internetseite zumindest im Wochendurchschnitt min. genauso hoch bzw. höher als die geplanten Besucherzahlen liegen. Im Prinzip kommt der werbliche Impuls für eine Ausstellungswerbung min. drei Mal, wenn Sie:

1. in der Marktvorbereitungsphase die Bekanntheit grundsätzlich schaffen,

2. in der Marktbearbeitungsphase die Zielgruppe(n) zum Ausstellungsbesuch auffordern

3. in der Verkaufsphase kontinuierlich den Besucherstrom zu ihrer Aufstellung aufrechterhalten müssen.

Fahrplan Ausstellungen und Veranstaltungen

Der nachfolgende „Fahrplan" zeigt genauer die Abfolge, das Zusammenspiel und die Funktion der einzelnen Medien in den einzelnen Phasen. Die Zeitangaben in der Spalte „zeitlicher Vorlauf" sind nur exemplarisch. Sie sind so gewählt, dass für die eigentliche Ausstellungserstellung neben der Werbung für die Ausstellung bei einem etwa 3-köpfigen Kernprojektteam noch Kapazitäten bleiben. Wird der Zeitplan auf min. 6 Monate verkürzt, müssten Sie in der Regel den erforderlichen Werbeaufwand verdreifachen, um einen vergleichbaren Erfolg zu erzielen.

Die einzelnen Tabellenspalten, die sich auch in den weiteren Szenarien finden, seien vorab noch einmal kurz erläutert:

- Phase: Alle Aktionen sind in die drei Phasen der Marktvorbereitung, Marktbearbeitung und Verkauf gegliedert. Dabei ist „Verkauf" gerade in den Szenarien Förderverein und Forschungsprojekt nicht immer ganz wörtlich zu nehmen.

- Zeitlicher Vorlauf: Das ist nur eine grobe Schätzung, die Ihnen aber ein Gefühl für die zeitliche Abfolge der einzelnen Aktivitäten vermitteln soll.

- Aktivität: Hier wird beschrieben, wie das jeweilige Medium aus der Ansprachekette verwendet wird.

- Zielgruppe: An diese Gruppe richtet sich Ihre Werbeaktion.

- Handlungsaufforderung: In dem Medium muss eindeutig (am Ende) eine Information enthalten sein, was der Leser / die Zielgruppe konkret jetzt tun soll.

- Ziel: Beschreibt das eigentliche Ziel, das diese Aktivität für die Werbung innerhalb der Ansprachekette erreichen soll.

- Medienkategorie: Es handelt sich entweder um Medien der allgemeinen oder der persönlichen Werbung.

Phase	Zeitl. Vorlauf, exemplarisch	Aktivität	Zielgruppe	Handlungsaufforderung	Ziel	Medienkategorie
Marktvorbereitung						
	- 11 Monate	Flyer erstellen und an Kontaktpunkten auslegen	alle Zielgruppen	Weitere Infos, Website, Termin blocken, grundsätzlich Interesse prüfen	Bekanntheit schaffen	allgemeine Werbung
	- 11 Monate	1. Pressemitteilung	Presse		Bekanntheit schaffen	persönliche Werbung
	- 11 Monate	Internetseite mit Basisinformationen pro Zielgruppe fertig	alle Zielgruppen		Bekanntheit schaffen, Werbeerfolge messen	allgemeine Werbung
		1. Mailstufe	potentielle Sponsoren	Angebot Sponsorenpaket	Einwerben konkreter Sponsorenmittel bzw. Terminvereinbarungen	persönliche Werbung
			(Städtische) Institutionen		Bekanntheit schaffen	persönliche Werbung
			Abonnenten Ihres Newsletters	Ankündigung/ Bitte um Weiterempfehlung	Bekanntheit schaffen	persönliche Werbung
			(relevante) Mitglieder des Förderkreises	Ankündigung/ Bitte um Weiterempfehlung	Bekanntheit schaffen	persönliche Werbung
	- 10,5 Monate	Nachfassaktion per Mail oder Telefon	potentielle Sponsoren		Einwerben konkreter Sponsorenmittel	persönliche Werbung
	- 9 Monate	Infoabend	(relevante) Mitglieder des Förderkreises	Unterstützung Ausstellung	Finanzielle und organisatorische Hilfe	persönliche Werbung
Marktbearbeitung						
	- 6 Monate	Internetseite komplett ausgebaut	alle Zielgruppen	Ausstellungsbesuch, Abonnentengewinnung zum Newsletter etc.	Messen bisheriger Kommunikationserfolge, Ermitteln zus. Adressen für pers. Kommunikation, Buchung von Zusatzangeboten (Mus.päd.) / Veranstaltung	allgemeine Werbung

Phase	Zeitl. Vorlauf, exemplarisch	Aktivität	Zielgruppe	Handlungsaufforderung	Ziel	Medienkategorie
	- 3 Monate	2. Mailstufe	(städtische) Institutionen	Auslage Flyer	Bekanntheit steigern	persönliche/ allgemeine Werbung
	- 1 Monate	Newsletterversand	Abonnenten	Ausstellungsbesuch	Buchung von Zusatzangeboten (Mus. päd.)/ Veranstaltung, gr. Besucherzahl in erster Woche	
	- 3 Tage	2. Pressemitteilung/ Einladung Pressekonferenz	Presse	Bericht über Ausstellung	Bekanntheit steigern, Besucher gewinnen	
	max. – 2 Tage	Pressekonferenz	Presse	Empfehlung zum Ausstellungsbesuch	Artikel in den regionalen und überregionalen Medien	
Ausstellungseröffnung						
verkauf						
	+ 1,5 Monate	3. Pressemitteilung	Presse	Empfehlung zum Ausstellungsbesuch, Nutzung Zusatzangebote	Artikel in den regionalen und überregionalen Medien, Impuls für zusätzliche Besucher, Vermarktung von Zusatzangeboten	
	+ 2 Monate	Newsletterversand	Abonnenten	Empfehlung zum Ausstellungsbesuch mit Sonderaktion für Abonnenten, falls schon Besuch Weiterempfehlung	Impuls für zusätzliche Besucher	
	Letzter Ausstellungs-tag	Veranstaltung für Presse, Sponsoren, Freundeskreis	Zielgruppen der persönlichen Werbung	Gemeinsame Feier des Erfolgs	Kundenbindung, Adressebasis für Werbung der Folgeveranstaltung	persönliche Kommunikation

B) Netzwerke und Fördervereine

Ist es bei Ausstellungen entscheidend, kurzfristig bzw. zeitlich befristet ein Ziel zu erreichen, so ist beim Aufbau und der Pflege von Freundeskreisen die regelmäßige Information und Bindung entscheidend. Besonders wenn es um Kostendeckung geht, kommt solchen Netzwerken eine hohe Bedeutung zu. Über Mitgliedsbeiträge, etc. können sie eine kalkulierbare Einnahmequelle bei längerfristigen Kulturprojekten sein. Und vor allem bei Museen lassen sich immer wieder Sonderausgaben und –aktionen über den angegliederten Förderverein abwickeln. Im Umkehrschluss kann hier eine wichtige Quelle für die Finanzierung und Unterstützung der Museen wegfallen. Gerade dort lässt sich bundesweit ein Trend ausmachen: Die meisten dieser Vereine haben „Nachwuchsprobleme" - der Altersdurchschnitt überschreitet die 50 erheblich. So besteht die Gefahr, dass diese Kreise im wahrsten Sinne des Wortes „aussterben".

Ein weiterer Grund für die immer kleiner werdenden Freundeskreise ist, dass die Mitglieder für ihre Mitgliedschaft immer mehr erwarten. Immer häufiger treten Mitglieder aus, weil sie auf Dauer die Vorteile ihrer Mitgliedschaft nicht sehen. Kaufmännisch betrachtet sind Förder- und Freundeskreismitglieder Stammkunden, die betreut und „gepflegt" werden wollen. Einen solchen Stammkunden über Jahre an sich bzw. die Institution zu binden, ist laut Statistik sechsmal weniger aufwändig, als neue Stammkunden (Mitglieder) zu werben.

Falls Sie ein langfristiges Projekt aufbauen, so können Sie schon sehr früh feststellen, ob es öffentlich anerkannt werden wird, wenn es Ihnen gelingt, einen Freundeskreise zur (wenn auch ideellen) Projektunterstützung zu gründen.

Hauptziel für das Szenario **Netzwerke und Fördervereine**

- Im Prinzip sollten Sie die Mitgliedschaft wie ein Produkt betrachten, dass Sie verkaufen. Sie brauchen bis zu einem bestimmten Zeitraum eine bestimmte Anzahl von x Personen, die dauerhaft Mitglied werden und alljährlich eine gewisse Zunahme der Mitgliederzahl. Sonst erreichen Sie Ihr Kostendeckungsziel nicht.

Werbeziel / Funktion für das Szenario **Netzwerke und Fördervereine**

- Sie brauchen in dem von Ihnen festgelegten Kreis eine Bekanntheit von min. 50 % und ein positives Grundgefühl aller Mitglieder

Die Ansprachekette Netzwerke und Fördervereine

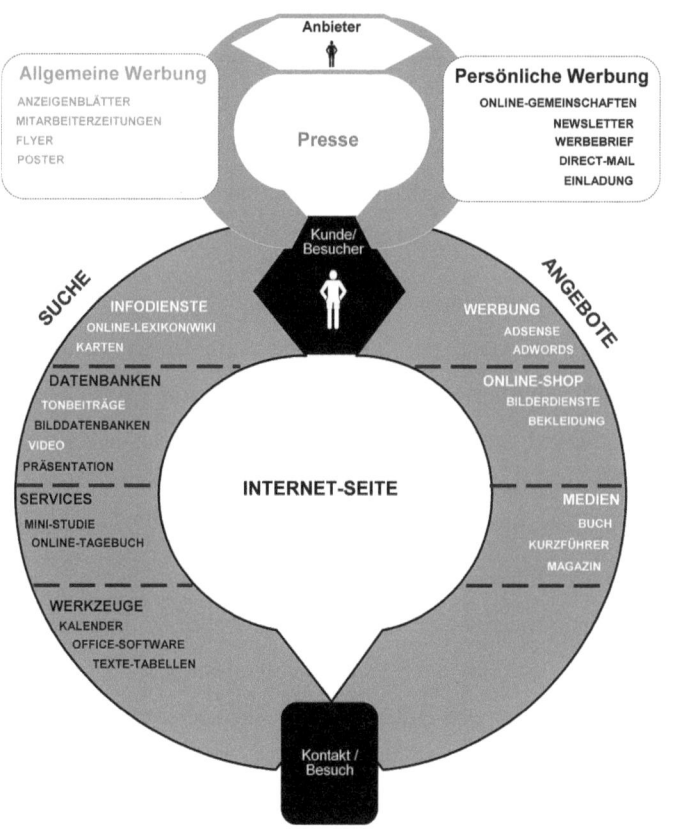

Grundsätzlich können die Mitglieder gewonnen werden, in dem die Prinzipien der Ansprachekette im Szenario Ausstellung/ Veranstaltung verwendet werden. Der Gesamtakzent liegt hier allerdings von vornherein auf der persönlichen Werbung und dem Gewinnen von Adressdaten. Vor allem bei der Mitgliederbindung geht es darum, einen langen Atem zu haben. Egal wie viel Sie im Gesamtprojektzusammenhang zu tun haben, die Mitglieder benötigen in einem vorab festgelegten und mitgeteilten Rhythmus und Umfang Serviceleistungen und Informationen. Erleichtert wird das heutzutage vor allem durch viele kostenlose Werkzeuge im Internet. Sie können vielfältigste Informationen für geschlossene Benutzergruppen bereitstellen, von Präsentationen über Bilder, Filme, Blogs bis hin zu Manuskripten. Wichtig ist hierbei die Regelmäßigkeit (selbst wenn es sich hier nur um einen vierteljährlichen oder jährlichen Rhythmus handelt) und die Exklusivität. Das müssen keine streng vertraulichen, aufwändig gestalteten Dinge sein, sondern lediglich Informationen, die den Mitgliedern zeigen, dass sie für ihre Mitgliedschaft eine Gegenleistung erhalten.

Damit bleiben die Instrumente der allgemeinen Werbung (linker Pfeil der Aktionsmedien) optional in der Ansprachekette. In der persönlichen Werbung ist es natürlich abhängig von Ihrer Zielgruppe, ob Sie den Newsletter per E-Mail oder gedruckt versenden. Empfohlen wird hier auf jeden Fall eine gewisse Präsenz im Internet. Dies ist über Blogs / Online-Tagebücher sehr leicht zu bewerkstelligen. Hier verfahren Sie wie auch in der gesamten Ansprachekette: der Impuls kommt über die Anschreiben (gedruckt oder als E-Mail). Die vertiefenden weiterführenden Informationen finden sich im Internet. Dabei sollten Sie einige frei zugängliche Informationen bereitstellen. Die „Exklusivinformation" gibt es dann auch online aber erst nach Abschluss der Mitgliedschaft. Auch wenn die Mitglieder des Freundeskreises noch Berührungsängste mit dem Medium Internet haben und Ihr Angebot vorerst noch nicht so intensiv nutzen, so schaffen Sie durch diese Aktion automatisch den Grundstock für ein durchschnittliches Mitgliederalter unter 50. In dieser Altersgruppe entwickelt sich das Internet immer mehr zum Hauptinformationsmedium. Auch wird es immer wichtiger für Projekte, über Suchmaschinen leicht gefunden zu werden. Eventuell können Sie auch dadurch ohne großen Aufwand Mitglieder gewinnen.

Die angegebenen Zeiträume sind nur exemplarisch und vor allem bei der zyklischen Kommunikation so gewählt, dass sie im Tagesgeschäft auch realistisch einzuhalten sind.

Fahrplan Netzwerke und Fördervereine

Im ersten Schritt geht es darum, überhaupt Adressen und Personen zu ermitteln. Das Internet bietet hier vielfältige Möglichkeiten. Ob Schüler-VZ, Studi-VZ, Xing oder MeinVerein.de, dort können Sie leicht nach potentiellen Adressen auf Basis von den eingestellten Nutzeradressen suchen oder über neue Foren/Diskussionsgruppen, die Sie einrichten, gezielt auf Ihr Projekt aufmerksam machen. Wenn Ihre Zielgruppe das Internet wenig nutzt, können Sie Volkshochschulkurse und Informationsveranstaltungen von Ihnen zu Ihrem Vorhaben zur Adressgewinnung einsetzen. Dies dauert erheblich länger. Sie können in diesem Fall noch einmal min. zusätzliche 6 Monate und damit insgesamt etwa 12 Monate für den Aufbau Ihres Netzwerkes rechnen.

Haben Sie eine gewisse Anzahl an Interessierten identifiziert, ist ein persönliches Kennenlernen ein guter Weg, um ein erstes Dazugehörigkeitsgefühl zu schaffen. Sie finden dort schnell heraus, ob Ihr Projekt auf Interesse stößt, und wer wirklich interessiert ist. Es mag erforderlich sein, dass Sie in einem gewissen zeitlichen Abstand eine zweite „Startveranstaltung" am selben oder an einem anderen Ort durchführen, wenn sich noch nicht genügend Mitglieder gefunden haben, bzw. eine Anzahl Interessierter nicht zur ersten Veranstaltung kommen konnte. Haben sich danach immer noch nicht genügend gefunden, sollten Sie Ihre Projektidee grundsätzlich noch einmal überdenken. Häufig unterschätzt wird die „Mitgliederpflege". Manchmal wird in die Pflege der vorhandenen Mitglieder wenig Energie investiert und Mitglieder scheiden wie oben erwähnt mitunter nach Jahren „grundlos" aus. Wichtig ist hier, dass diese mit exklusiven Informationen und Angeboten bedient werden. Das muss nicht oft und aufwändig sein, es sollte nur regelmäßig sein. Mehr ist häufig nicht erforderlich, aber auch nicht weniger.

Phase	Zeitl. Vorlauf, exemplarisch	Aktivität	Zielgruppe	Handlungsaufforderung	Ziel	Medienkategorie
Bekanntheit schaffen						
	- 6 Monate	Website/ Blog	Multiplikatoren/ Interessierte	Registrierung in Nutzergruppen wie Xing, etc.	Bekanntheit	allgemeine Werbung
	- 5 Monate	Wiki - Eintrag	Multiplikatoren/ Interessierte	Besuch der Website	Bekanntheit	allgemeine Werbung
	- 5 Monate	Gruppenbildung in Schüler-/ Studi-VZ/ Xing	Interessierte	Diskussionsaufforderung/ Umsetzungsvorschläge/ Ideensammlung	Adressgenerierung, Akzeptanz des Projektes testen	persönliche Werbung
Mitgliederwerbung						
	- 2 Monate	Einladung Startveranstaltung 1	Registrierte Adressaten	Freundeskreisbeitritt, ideelle/ finanzielle Förderung	Gründungsmitglieder gewinnen, Adressequalifizierung	persönliche Werbung
	- 2 Monate	E- Mail/ Brief	Teilnehmer Startveranstaltung	Beitritt	Beitritt	persönliche Werbung
	- 2 Monate	Website/ Blog Aktualisierung	Potentiell Interessierte	Registrierung in Nutzergruppen wie Xing, etc.	Bekanntheit, Info über Startveranstaltung 1	allgemeine Werbung
	- 1 Monat	Einladung Startveranstaltung 2 (falls noch nicht genügend Mitglieder vorhanden)	Registrierte und noch nicht aktive Adressaten	Freundeskreisbeitritt, ideelle/ finanzielle Förderung	Aktivierung der noch nicht erschienenen Adressaten, zusätzliche Mitgliedergewinnung	persönliche Werbung
	- 1 Monat	E-Mail/ Brief	Teilnehmer Startveranstaltung 2	Beitritt	Beitritt	persönliche Werbung
	...	...	...			

Phase	Zeitl. Vorlauf, exemplarisch	Aktivität	Zielgruppe	Handlungsaufforderung	Ziel	Medienkategorie
Mitgliederbindung						
	ab Mitgliedschaft	Begrüßungsbrief/ Mail mit Startpaket	neue Mitglieder	Engagement im Verein, Weitersagen an Freunde und Bekannte	Mitgliederbindung, Werbung über Mund zu Mund Propaganda	persönliche Werbung
	monatlich	Blog	Mitglieder	Informieren, Projektbeteiligung	Mitgliederbindung durch aktuellen Informationsservice	persönliche Werbung
	quartalsweise	Newsletter/ Rundbrief	Mitglieder	Informieren über aktuelle Projekte	Mitgliederbindung durch fundierten Informationsservice	persönliche Werbung
	jährlich	Veranstaltung	Mitglieder + ggf. Gäste	Informieren über aktuelle Projekte	Mitgliederbindung durch „Leistungsschau" und Projekterfolge	persönliche Werbung
Mitgliedersteigerung						
	halbjährlich bis jährlich, je nach Mitglieder-bedarf	siehe Ablauf Mitgliederwerbung				persönliche Werbung
	jährlich	Brief	Mitglieder	Neue Mitglieder/ Freunde	Mitgliedersteigerung bzw. Ausgleich des Mitgliederschwundes	persönliche Werbung

C) Ausgrabungen und Forschungsprojekte

Werbung für Ausgrabungen und Forschungsprojekte ist stark von den jeweiligen Rahmenbedingungen abhängig und nur in einem gewissen Rahmen standardisierbar. Die Werbung richtet sich zum einen an <u>Gremien</u> wie die Deutsche Forschungsgesellschaft (DFG), zum anderen an die regionale oder überregionale Öffentlichkeit. Neben der Finanzierung ist hier vor allem bei Ausgrabungen und Notgrabungen die Schwierigkeit, Rückhalt im Projektumfeld bzw. bei <u>Multiplikatoren</u> zu erreichen. Mit Projektumfeld sind im Falle der Ausgrabung vor allem die Lokalpolitik und die Bevölkerung gemeint. Im Falle des Forschungsprojektes geht es um Lobbyarbeit in den jeweiligen Gremien und Institutionen. Die konkreten Ziele sind in diesem Szenario am wenigsten messbar. In erster Linie geht es jedoch darum, Bekanntheit zu schaffen und eine Lobbyarbeit zu betreiben, die nicht zu populistisch und unwissenschaftlich wirkt. Für die Lobbyarbeit können Sie auch auf die Grundprinzipien des Szenarios Netzwerke und Freundeskreise zurückgreifen.

Hauptziel für das Szenario **Ausgrabungen und Forschungsprojekte**
- Kommunikationsziel und Hauptziel sind kaum zu trennen
- Sie brauchen zu einem bestimmten Zeitpunkt neben Ihrem Hauptförderer eine bestimmte Anzahl von Personen, die Ihr Projekt aktiv befürworten und ideell oder finanziell unterstützen

Werbeziel / Funktion für das Szenario **Ausgrabungen und Forschungsprojekte**
- Sie brauchen in dem von Ihnen festgelegten Kreis eine Bekanntheit von min. 80 % und davon min. die Hälfte an Befürwortern.

Wozu brauchen Sie überhaupt Rückhalt in der Öffentlichkeit bei einem bereits finanzierten Forschungsprojekt?

Wenn Sie auch einen gewissen Rückhalt in der Bevölkerung, in kommunalen, bzw. universitären Institutionen haben, hat Ihr Projekt eine gute Überlebenschance, selbst wenn die offiziellen Fördermittel einmal drastisch gekürzt werden. Ein Beispiel: Bei einer Grabung in einer Gemeinde mit 10.000 Einwohnern sollten min. 8.000 wissen, dass es die Grabung gibt und min. 4.000 das Projekt (wenn auch größtenteils passiv) befürworten. Davon unterstützen dann etwa 3%, also etwa 120 Personen Ihr Projekt ideell oder aktiv. Das kann auch das Leihen eines Baggers sein, oder die Toilettenbenutzung oder eine Ausstellungsfläche in der örtlichen Sparkasse.

Ansprachekette Ausgrabungen/ Forschungsprojekte

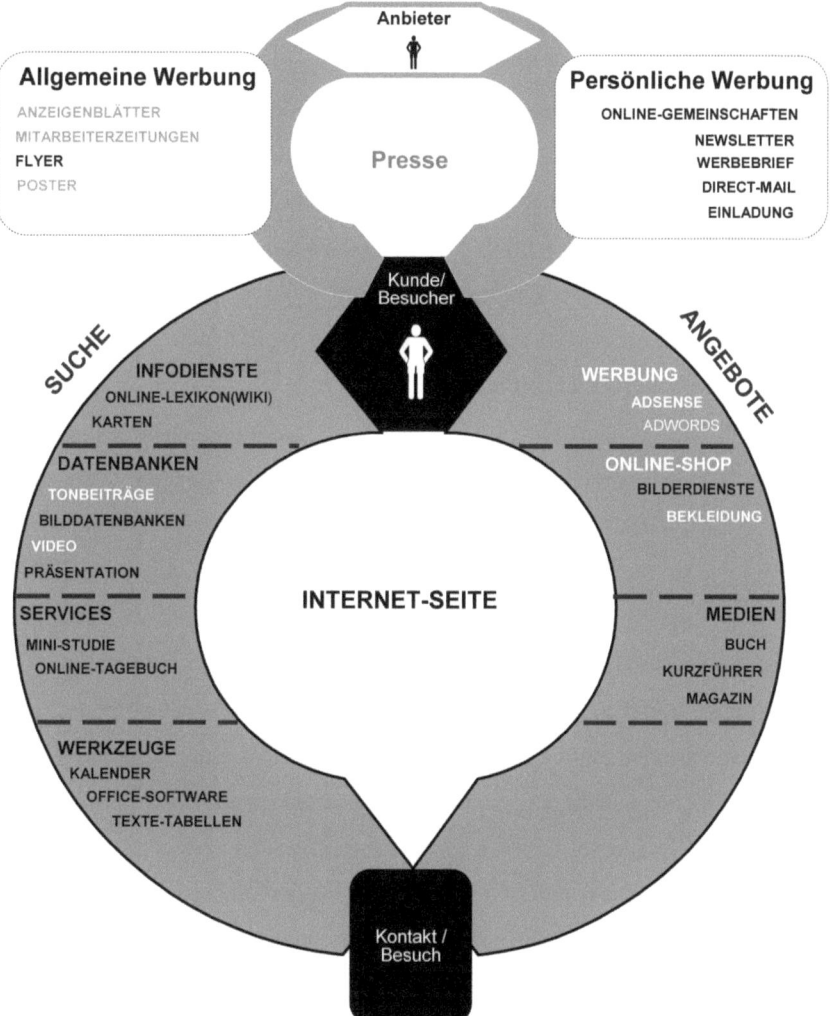

Der zeitliche Vorlauf zum Projektstart kann, Genehmigungen vorausgesetzt, bis zu mehreren Jahren betragen. Um dieses Szenario greifbarer zu machen, nehmen wir an, dass es sich hier um eine von einer Organisation geförderte Ausgrabung handelt, da hier sowohl die (finanzielle) Förderung von Gremien und der seriöse wissenschaftliche Forschungsauftrag, als auch gleichzeitig ein gewisser Populismus und ein gewisser Rückhalt in der Bevölkerung über aktive Öffentlichkeitsarbeit entstehen muss. Der erste Projektantrag ist bewilligt. Der Grabungsbeginn ist in drei Monaten geplant.

Der vorgeschlagene Ansatz ist bisher nicht üblich. In der Regel werden erst die Förderanträge „durchgebracht". Die Öffentlichkeit wird nach den ersten Projekterfolgen informiert. Das heißt: eine öffentliche Akzeptanz des Projektes ist nicht von vornherein gegeben. Außerdem ist es ungewöhnlich, vor den eigentlichen Ergebnissen schon die Werbetrommel zu rühren. Dies berücksichtigt zwei wesentliche Punkte nicht:

- Die genehmigenden Gremien unterliegen selbst einer immer strenger werdenden Rechenschaftspflicht, und eine positive Resonanz in der Öffentlichkeit zu Projekten, die sie fördern, hilft auch ihnen.

- Vor allem Grabungen (in Deutschland sind es vor allem Notgrabungen) können im ersten Schritt von der Bevölkerung als Belästigung empfunden werden.

Das heißt, wenn es Ihnen gelingt schon vor der Projektgenehmigung eine positive Grundstimmung zu schaffen, hilft Ihnen das unter Umständen nicht nur bei der Genehmigung sondern bei der gesamten Durchführung Ihres Projektes. Gerade bei Grabungen ist es wichtig, das Projekt „sympathisch" darzustellen und ein gutes Verhältnis zur lokalen Nachbarschaft zu haben. Die wissenschaftliche Relevanz ist für diese Zielgruppe zweitrangig.

Natürlich ist der vorgestellte Ansatz zeitaufwändiger. Doch dies lohnt sich, da unterm Strich Ihre Arbeit und Zusammenarbeit mit Behörden, Gremien und der Bevölkerung reibungsloser verlaufen wird.

Fahrplan Ausgrabungen/ Forschungsprojekte

Der erste Schritt für ein Forschungsprojekt ist natürlich die wissenschaftliche Präsenz des Themas und Ihrer Person, sei es über Fachartikel, sei es über Vorträge und Teilnahme an Kongressen. Die Phase „Bekanntheit schaffen" konzentriert sich auf den engen Kreis der Wissenschaft. Hier geht es darum, sich und Ihr Thema bei den potentiellen Gutachtern ins Gespräch zu bringen. Optional können Sie hier den Fahrplan zur Netzwerkbildung einsetzen. Auf jeden Fall empfiehlt sich schon in dieser Phase eine einfache Website mit max. drei Unterseiten, die allgemein über das Vorhaben informiert. Außerdem können Sie Stiftungen, mit einer Kurzinfo über Ihr Projekt anschreiben und darüber schon einmal die Resonanz testen. Ggf. ergeben sich hier zusätzliche Förderungsmöglichkeiten im Vorfeld zu Ihrem eigentlichen Projektantrag (bei der DFG?). Ist das der Fall, können Sie diese in Ihren Förderantrag einbringen und dadurch zum einen Ihre Projektkompetenz demonstrieren zum anderen sogar den Genehmigungsprozess positiv beeinflussen.

Im nächsten Schritt entsteht auf Ihrer Website ein Passwort-geschützter Bereich nur für die Gutachter. Hier finden sich neben dem Projektantrag, andere zusätzliche Informationen für die Gutachter. Über die Zugriffsstatistik der Website können Sie dann sehen, wie stark diese Seiten von den Gutachtern genutzt werden, nachdem Sie Ihren offiziellen Projektantrag erhalten haben.

Ist dieser genehmigt und sind die Gelder bewilligt, so haben Sie den ersten Erfolg in der Tasche. Nun gilt es, gerade im Vorfeld zum Grabungsbeginn die regionale Akzeptanz zu schaffen. Auch dies ist ungewohnt – es liegen ja eigentlich noch keine Ergebnisse vor. Gelingt es Ihnen jedoch, die Bevölkerung und lokale Geschäftswelt nicht allein für die Ergebnisse sondern für die grundsätzliche Fragestellung zu faszinieren, so schaffen Sie sich eine gute Basis für nachfolgende Kampagnen. Der Rückhalt in der Bevölkerung und das positive Presseecho können auch Ihr Ansehen bei Ihrem Hauptgeldgeber

steigern helfen. Hier ist ebenso nicht die Häufigkeit, sondern die Regelmäßigkeit der Information und der Kontaktaufnahme entscheidend. Ist die erste
Kampagne erfolgreich abgeschlossen, haben Sie vielleicht auch schon den
Grundstock für den Aufbau eines Netzwerkes oder Freundeskreises geschaf-
fen, der neben der finanziellen Hauptförderung Ihr Projekt ideell stützt, und
sei es auch nur, dass der Bauer aus der Nachbarschaft Ihnen seinen Anhänger
leiht.

Falls Sie ein langfristigen Projektes aufbauen, so können sie schon sehr früh
feststellen, ob es öffentlich anerkannt werden wird, wenn es ihnen gelingt,
einen Freundeskreise zur (wenn auch ideellen) Projektunterstützung zu gründen.

Phase	Zeitl. Vorlauf, exemplarisch	Aktivität	Zielgruppe	Handlungsaufforderung	Ziel	Medienkategorie
Bekanntheit schaffen						
	- 12 bis 6 Monate	Fachartikel über die Grundthematik des Projektes	Fachkollegen	Rückmeldung zur fachlichen Relevanz des Themas	Wissenschaftliche Akzeptanz für das Projekt	persönliche Werbung
	- 12 bis 6 Monate	Fachvorträge	Fachkollegen	Rückmeldung zur fachlichen Relevanz des Themas	Wissenschaftliche Akzeptanz für das Projekt	persönliche Werbung
optional	- 5 Monate	Gründung von Netzwerk/ Freundeskreis				
	- 5 Monate	Blog/ Website zur allgemeinen Information	Interessierte und „betroffene" Bevölkerung	Rückmeldung zum Vorhaben	Akzeptanz vor Ort schaffen	allgemeine Werbung
	- 3 Monate	Briefe an Stiftungen mit Flyer als Kurzinfo zum Vorhaben	Stiftungen als potentielle Förderer	Einladung zur Projektpräsentation	Einwerben von zusätzlichen Mitteln/ Testen Projektakzeptanz	persönliche Werbung
	- 1 Monat	Einrichtung von geschütztem Bereich auf Website für Gremien	Gremium wie DFG, als Hauptförderer des Projektes	Vorabinfo über Projekt	Positives Einstimmen der Gremienmitglieder	persönliche Werbung
	0 Monate	Anträge an Gremien	Gremium wie DFG, als Hauptförderer des Projektes	Prüfung Projektantrag, Besuch geschützter Bereich	Projektförderung	persönliche Werbung
Projektgenehmigung						
	- 3 Monate vor Projektstart	Nachbarschaftsinfo Grabungsareal, persönliches Verteilen von Flyern	unmittelbare „Nachbarschaft"	Kontaktaufnahme, Grabungsbesuch	Aufbau von „Fürsprechern"	persönliche Werbung
	- 2 Monate vor Projektstart	Umbau Blog zum Grabungstagebuch	Öffentlichkeit und lokale Bevölkerung	Besuch/ Einladung zum Spatenstich	Aufbau von lokalen Netzwerk	allgemeine Werbung
	- 1 Monat vor Projektstart	Erste Pressemitteilung zum Projektstart	Öffentlichkeit und lokale Bevölkerung	Info über Website	Lokale und überregionale Bekanntheit schaffen	allgemeine Werbung

38

Phase	Zeitl. Vorlauf, exemplarisch	Aktivität	Zielgruppe	Handlungsaufforderung	Ziel	Medienkategorie
Lobbyaufbau	- 1 Tag vor Grabungsbeginn	Einladung zum Spatenstich	Kommunalpolitik und örtliche Geschäftsleute	Unterstützung des Projektes	Aufbau von lokalem Netzwerk	persönliche Werbung
	täglich	Blogeinträge als Grabungstagebuch, täglich	Interessierte und Öffentlichkeit	Verfolgung des Projektverlaufs	Aufbau von Netzwerk und Lobby	allgemeine Werbung
	nach Hälfte der Grabung	Infotag	Unmittelbare „Nachbarschaft", „betroffene" Bevölkerung	Verfolgung des Projektverlaufs	Aufbau von Netzwerk und Lobby	allgemeine Werbung
	Grabungsende	Einladung zum Kampagnenende mit Führung	Kommunalpolitik und örtliche Geschäftsleute	Unterstützung des Projektes	Aufbau von Netzwerk und Lobby	persönliche Werbung
	Tag 1 nach Grabungsende	Pressemitteilung	Öffentlichkeit und lokale Bevölkerung	Info über Grabungsverlauf auf Website	Bekanntheit und guten Ruf schaffen	allgemeine Werbung
	14 Tage nach Grabungsende	Kurzbericht im geschützten Bereich der Site für Gremien	Fördergremium	Info über Grabungsverlauf	„Kunden"bindung	persönliche Werbung
	3 Wochen nach Grabungsende	E-Mail an Gremium mit Login	Fördergremium	Zwischeninfo über Grabungsverlauf im persönlichen Login - Bereich	„Kunden"bindung und Rechenschaftsinfo	allgemeine Werbung

D) Publikation

Es ist viel einfacher und kostengünstiger geworden, ein Buch zu erstellen. Ein Buch als Produkt erfolgreich zu vermarkten ist jedoch immer schwieriger geworden. Verlage sichten schon lange nicht mehr die eingesandten Manuskripte, sondern bekommen fast ausschließlich Vorschläge von Autorenagenten, die die Auswahl der Autoren und Manuskripte übernehmen. Mittlerweile nimmt auch deren Anzahl wiederum so weit zu, dass es schon schwer wird, von einem guten Agenten als Autor angenommen zu werden, d.h. wenn hier von einer Publikation gesprochen wird, geht es nicht um einen Bestseller, sondern darum ein Buch mit einem konkreten geisteswissenschaftlichen Thema, bei dem ich auch die Zielgruppe gut eingrenzen kann, im Eigenverlag kostendeckend zu vermarkten. Auch eine wissenschaftliche Publikation ist in dem vorgestellten Szenario grundsätzlich möglich, aber auch fraglich, da es sich empfiehlt in wissenschaftlichen Reihen zu publizieren, die in der Regel an bestimmte Verlage gebunden sind. Für die eigene wissenschaftliche Zukunft ist es mitunter besser, dort zu publizieren, selbst wenn diese noch zum Teil veraltete Technik einsetzen und zu teuer produzieren.

Welche Themen empfehlen sich für ein solches Projekt?

Es mangelt noch nach wie vor im deutschsprachigen Raum an guten populärwissenschaftlichen Büchern. Ihr Wissen um den neuesten Forschungsstand ist selbstverständlich da – die Kunst ist es nun, die wissenschaftlichen Erkenntnisse auf das Wesentliche „abzuspecken". Das vorgestellte Szenario ist daher am besten geeignet für ein populärwissenschaftliches Buch, das im Rahmen von Kursen, Vorträgen, bei Freundeskreisen verkauft und beworben oder als Ergänzungsangebot bei Ausstellungen vermarktet wird.

Hauptziel für das Szenario **Publikation**

- Sie müssen bis zu einem Zeitpunkt x die <u>Gewinnschwelle</u> für Ihr Buch erreicht haben. Sonst ist Ihr Buch nicht kostendeckend. Der Vermarktungszeitraum ist in der Regel länger als bei einer Ausstellung und die Möglichkeiten über ein „Vertriebsnetz" aus Bekannten sind größer.

Werbeziel / Funktion für das Szenario **Publikation**

- Sie brauchen bis zu einem bestimmten Zeitpunkt y eine bestimmte Anzahl von Rezensionen und Bekanntheit im Themenfeld Ihres Buches.

Wann lohnt sich ein Publikationsprojekt?

Die Einsatzmöglichkeiten sind vielfältig: als vermarktbares Zusatzprodukt für Ausstellungen und Forschungsprojekte oder auch als „Zweitverwertung" erworbenen Wissens, z.B. eine populärwissenschaftliche Kurzdarstellung der Ergebnisse einer aufwändigen Haus- oder Abschlussarbeit. Und noch ein Einsatzbereich: Publikationen sind ein sehr gutes Übungsfeld für Projektmanagement bei Geisteswissenschaftlern. Sie können kostengünstig und ohne großes finanzielles Risiko in den Bereichen Steuerung, Vermarktung und Produktion Erfahrungen sammeln. Die Investitionskosten für eine Publikation sind im Vergleich zu allen anderen Anspracheketten mit am niedrigsten. Bücher mit einer eigenen ISBN-Nummer sind sogar mittlerweile für 39,- € zu produzieren. Noch ein Tipp: Sollten Sie im deutschsprachigen Raum eine wissenschaftliche Karriere anstreben, ist es ratsam, bei populärwissenschaftlichen Arbeiten unter einem Pseudonym zu veröffentlichen.

Die Ansprachekette Publikationen

Anbieter

Allgemeine Werbung

ANZEIGENBLÄTTER
MITARBEITERZEITUNGEN
FLYER
POSTER

Persönliche Werbung

ONLINE-GEMEINSCHAFTEN
NEWSLETTER
WERBEBRIEF
DIRECT-MAIL
EINLADUNG

Presse

Kunde/
Besucher

SUCHE

ANGEBOTE

INFODIENSTE
ONLINE-LEXIKON(WIKI)
KARTEN

WERBUNG
ADSENSE
ADWORDS

DATENBANKEN
TONBEITRÄGE
BILDDATENBANKEN
VIDEO
PRÄSENTATION

ONLINE-SHOP
BILDERDIENSTE
BEKLEIDUNG

INTERNET-SEITE

SERVICES
MINI-STUDIE
ONLINE-TAGEBUCH

MEDIEN
BUCH
KURZFÜHRER
MAGAZIN

WERKZEUGE
KALENDER
OFFICE-SOFTWARE
TEXTE-TABELLEN

Kontakt /
Besuch

Grundsätzlich steht ein Buch immer in einem starken Wettbewerb. Jährlich erscheinen Tausende. Daher ist die direkte Ansprache ihrer Zielgruppe genauso wichtig, wie eine schlüssige Argumentation warum gerade Ihr Buch gekauft werden soll. Die Werbebotschaft ist hier der absolute Schlüssel zum

Verkaufserfolg. Sind Sie nicht in der Lage, über einen Satz den Nutzen Ihres Buches ihrer Zielgruppe zu vermitteln, dann nutzt Ihnen auch die ausgefeilteste Ansprachekette nicht. Sie werden keinen Erfolg haben.

Mitunter bieten Verlage Werbepakete an, denen eine gute, serviceorientierte Ansprachekette zugrunde liegt. Das beginnt bei Medien wie Postkarten und Lesezeichen ab etwa 50 € für ihr Buch bis hin zu Messe- und Pressepaketen. Diese beinhalten dann auch eine Präsenz auf der Frankfurter und Leipziger-Buchmesse bzw. professionell geschriebene Pressemitteilungen und Rezensionen. Eine Garantie für einen Vermarktungserfolg ist das allerdings auch nicht.

Fahrplan Publikationen

Wollen Sie mit Erscheinen des Buches in den ersten Wochen erste Verkaufserfolge erzielen, müssen Sie min. drei Monate vor Erscheinen eine gewisse Bekanntheit aufbauen. D.h. Sie brauchen auf jeden Fall einen zeitlichen Vorlauf und sollten im Prinzip schon während Sie das Buch schreiben, damit beginnen, Ihr Buch bzw. dessen Thema zu bewerben. Versuchen Sie genau zu analysieren wer Ihre Zielgruppe ist und welche Medien sie verwendet. Das geht zum einen darüber, dass Sie sich in einem Freundes- und Förderkreis zu Ihrem Buchthema engagieren und persönliche Kontakte knüpfen, zum anderen durch originelle, ungewöhnliche Ideen, die zum Charakter Ihres Buches passen und auffallen.

Versuchen Sie aus einem (bereits fertigen) Teil kleine „Werkzeuge" zu entwickeln, wie Zeittafeln, Checklisten, Tipps und Tricks, die Sie in Form von Flyern, Merkzetteln oder Haftnotizzetteln (Blöcke mit 50 Blatt gibt es schon ab etwa 6 €) abdrucken und verteilen. Diese sollten immer auch den Hinweis auf eine Internetseite zum Buch enthalten, die Sie in Form eines Blogs ganz einfach und kostenlos erstellen können. Abhängig von Ihrer Zielgruppe lohnt sich auch das Aushängen von Zetteln und Postern an Schwarzen Brettern und Info-Wänden von Institutionen. Alle Medien enthalten einen Anreiz für das Vormerken des Buches – das kann ein Subskriptionspreis sein (d.h. vergünstigter Verkauf in den ersten drei Monaten), das kann auch ein zusätzliches Extra sein, wie die schon erwähnten „kleinen Werkzeuge".

Die Pressemitteilung (erst kurz vor Erscheinen bzw. am Erscheinungstag) stützt die bereits von Ihnen geschaffene Aufmerksamkeit für Ihre Publikation. Danach hilft es dann nur noch, wenn Sie die o.g. Aktivitäten erweitern, bzw. Autorenlesungen anbieten. Ein Folgeplakat an Kontaktpunkten wie den Schwarzen Brettern mit der Aussage „Das Buch ist da" kann auch helfen.

Eine weitere Möglichkeit ist es, dann noch eine Aktion wie „Leser werben Leser" ins Leben zu rufen. D.h. Sie schaffen wiederum Anreize (Rabatte, weitere „Werkzeuge", etc.) wenn Ihr Buch weiterempfohlen wird. Wie stark Sie noch werblich aktiv sein müssen, um die Kostendeckungsschwelle zu erreichen, sehen Sie zum einen an den Besucherzahlen auf Ihrer Website, zum anderen an den Verkaufszahlen.

Phase	Zeitl. Vorlauf, exemplarisch	Aktivität	Zielgruppe	Handlungsaufforderung	Ziel	Medienkategorie
Marktvorbereitung						
	- 3 Monate	Vorankündigung auf Website/ Blog „Werkzeuge" zum Download	potentielle Käufer	Vormerkung	Bekanntheit schaffen, Adressmitteilung für persönliche Werbung	allgemeine Werbung
	- 3 Monate	auf Kursen, Vorträgen (VHS, Uni, Ausstellungen) „Werkzeuge" verteilen	potentielle Käufer	Vormerkung	Bekanntheit schaffen, Adressmitteilung für persönliche Werbung	persönliche Werbung
	- 1 Monat	Aushänge an Kontaktpunkten der Zielgruppen	potentielle Käufer			
Marktbearbeitung						
	- 1 Woche	Brief/ E-Mail mit Ankündigung des Erscheinens	vorgemerkte Käufer	Kauf	Verkauf	
	- 1 Tag	Pressemitteilung zum Erscheinen	allgemeine Öffentlichkeit	Info über Buch (auf Blog)	Bekanntheit schaffen	
optional		Vermarktungspakete von Print-on-Demand Verlagen			Verkauf	
Verkauf						
	monatlich	Verkaufsveranstaltung/ Autorenlesung	potentielle Käufer	Kauf	Verkauf	
	fortlaufend	Aktion Leser werben Leser	Leser	Weiterempfehlung	Verkauf	
Gewinnschwelle						

2 Die Steckbriefe

GOOGLE© ADSENSE (WERBUNG)

Kostenlose Software zum Platzieren von Google© Anzeigen auf der eigenen Internetseite gegen Entgelt.

Vorteile:

- Mit **AdSense für Content-Seiten** können sie über Anzeigenschaltungen auf Ihrer Internetseite Werbeeinnahmen erzielen.
- **AdSense für Suchergebnisseiten** ermöglicht die Integration der Google©-Suchfunktion in die eigene Website. Die Einnahmen werden mit der Schaltung von relevanten Google© AdWords-Anzeigen auf den Suchergebnisseiten erzielt.
- Konkurrenzanzeigen können ausgefiltert werden.
- Die Anzeigen beziehen sich auf die Region und Sprache der Besucher der Internetseite.
- Wahlmöglichkeit zwischen verschiedenen Anzeigetypen (z.B. Text-, Bild- und Videoanzeigen). Das Aussehen der Anzeigen ist anpassbar.
- Detaillierte Statistiken zum Erfolg der einzelnen Anzeigen (Klickrate) erstellbar.

Beachtenswert:

- Google© analysiert den Inhalt der Websites, schaltet automatisch die relevantesten Anzeigen und filtert unpassende Werbung aus. Inserenten haben zudem die Möglichkeit, selbst bestimmte Teilabschnitte von Websites auszuwählen, auf denen ihre Anzeigen geschaltet werden sollen.
- Die Zahlung erfolgt pro Klick auf eine Anzeige (Keyword-bezogene AdWords Anzeigen) oder pro 1000 Schaltungen (Website-bezogene AdWords Anzeigen). Letzteres steht nur für AdSense für Content-Seiten zur Verfügung.
- Die Höhe des Gewinns hängt von der Höhe der Anzeigengebote ab, von denen der Eigentümer der Internetseite einen Teil erhält. Der genaue Einnahmeanteil wird von Google© nicht veröffentlicht.
- Google© übernimmt keine Garantie dafür, dass sämtliche unerwünschten oder zum Filter für Konkurrenz-Anzeigen hinzugefügten Anzeigen nicht auf der Seite erscheinen.

TIPPS UND TRICKS

> ➢ Sie können bestimmte Anzeigenplatzierungen selbst definieren und z.B. nach Thema, Anzeigenformat oder Position auf der Seite gruppieren. Die attraktivsten Werbeflächen können so gesondert verwaltet werden. Inserenten sind bereit, für die Schaltung ihrer Anzeigen in solchen Werbeblöcken mehr zu bezahlen.
>
> ➢ Je zielgerichteter die Textinformationen auf Ihrer Seite sind und je mehr Schüsselwörter Sie verwenden, desto besser passen die automatisch geschalteten Anzeigen zum Seiteninhalt.

Link:

https://www.google.com/adsense/login/de/

Verwendbar für:

- Szenario: Publikation (D)
- Besonders geeignet für Internetseiten von Kulturbetrieben und Freundeskreisen zur Verbesserung der Einnahmen, ohne dass geschäftliche Kontakte gepflegt werden müssen.

LB

GOOGLE© ADWORDS (WERBUNG)

Kostenpflichtige Software zur Schaltung von Anzeigen bei Google© und im Google© Werbenetzwerk.

Vorteile:

- Verfassen von eigenen Anzeigen, die zu relevanten Themen auf Google© Suchergebnisseiten und auf Internetseiten im Google© Werbenetzwerk erscheinen.
- Die Anzeigen verlinken zur eigenen Internetseite.
- Die Suchbegriffe (Keywords), zu denen die Anzeige erscheint, werden selbst ausgewählt. Der Keyword-Tool hilft bei der Auswahl der Suchbegriffe, ermittelt Synonyme, Variationen usw. und erleichtert die Eingrenzung der Zielgruppe.
- Pro Anzeige sind mehrere Anzeigetexte erstellbar.
- Es besteht die Möglichkeit, Anzeigen nur für bestimmte Regionen und Sprachen frei zu schalten.
- Anzeigen können auch auf Google© Maps geschaltet werden.

Beachtenswert:

- Aktivierungsgebühr für Neukunden: 5€.
- Die Zahlung an Google© erfolgt bei Keyword-bezogenen Kampagnen pro Klick auf die Anzeige (Cost-per-Click). Der Kunde legt ein Tages- oder Monatsbudget und den Preis pro Klick für seine Anzeigen fest. Je höher der gebotene Preis pro Klick und die Anzeigenqualität sind, desto öfter wird die Anzeige geschaltet. Begehrte Themen und Keywords erfordern aufgrund der größeren Konkurrenz höhere Beträge.
- Der Keyword-Tool hilft bei Schätzungen für Keyword-Zugriffszahlen und Kosten. Mit dem Budget Optimizer kann der Preis pro Klick anhand des vom Kunden vorgegebenen Budgets automatisch errechnet werden. Das Budget und der Preis pro Klick sind jederzeit änderbar.
- Auf dem AdWords Konto wird angezeigt, wie viele Besucher über welche Keywords und Anzeigentexte auf die Website gekommen sind und welche Kosten dafür angefallen sind.

TIPPS UND TRICKS

➢ Mit **Website-bezogene Kampagnen** können Anzeigen auf selbst ausgewählten Internetseiten im Google© Werbenetzwerk geschaltet werden. Die Zahlung erfolgt pro 1000 Schaltungen der Anzeige (Cost-per-1000-Impressions), der Höchstpreis wird vom Verfasser festgelegt. Die Anzeigen bieten mit Keyword- und Website-bezogenen Kampagnen um eine Platzierung auf der entsprechenden Internetseite.

Link:

https://adwords.google.de/select/Login

Verwendbar für:

- Szenario: Publikation (D)
- Besonders geeignet für den Medienauftritt von Kulturbetrieben, um zusätzlich zur natürlichen Suche auf sich aufmerksam zu machen. Durch die Anzeigen werden gezielt Personen erreicht, die sich für das Thema interessieren.

ANZEIGENBLÄTTER / LOKALZEITUNGEN

Artikel / Zusatzangebote in lokalen Anzeigeblättern platzieren, die wöchentlich verteilt werden.

Vorteile:

* Sehr gute regionale Verbreitung Ihres Projektes (vor allem bei Ausstellungen) am Ort (die Blätter kommen in jeden Haushalt)
* Größere Bereitschaft der Redaktionen Ihr Thema aufzunehmen (Anzeigenkunden sind häufig da. Es Fehlen redaktionelle Inhalte)
* Hohe Akzeptanz in der Bevölkerung für diese Medien, obwohl es keiner zugibt.

Beachtenswert:

* Unterschätzen Sie nie die große Leserschaft dieser Blätter.
* Entwickeln Sie besondere Anreize für die Leser (Rabatte, kostenlose Führungen), die für die Leser attraktiv sind, ohne bei Ihnen zu große Aufwände zu verursachen.
* Richten Sie sich bei Ihren Angeboten auf die Erscheinungstage der Blätter aus.
* Seien Sie selbstbewusst, denn Sie bieten dem Blatt einen seriöseren Anstrich, indem Sie redaktionelle Inhalte liefern.

TIPPS UND TRICKS

➢ Von länger andauernden Projekten bzw. Kulturinstitutionen erwarten diese Anzeigenblätter, dass Sie selbst eine Anzeige schalten. Wägen Sie Kosten und Nutzen gut ab.

Schlagwort(e) im Netz:

* Wochenblätter

Beispiellinks:

www.anzeigenblaetter-online.de/ (auf „Links" klicken); www.markt.de

Verwendbar für:

* Anspracheketten Ausstellungen, Projekte (eingeschränkt) und Ausgrabungen
* Sonder- und Rabattaktionen

CD

BEKLEIDUNG/ T-SHIRT-DIENSTE

Eigene Produkte und Kreationen, wie z.B. T-Shirts anbieten, und ohne große eigene Investitionen online verkaufen.

Vorteile:

- In der Regel einfaches Auswählen und Platzieren des gewünschten Motives auf dem Kleidungsstück.
- Die T-Shirts werden nach Bedarf gedruckt, so dass man nicht für große Stückzahlen in Vorleistung treten muss. So entsteht keine finanzielle Belastung und kein Risiko.
- Die Tatsache, dass man keine großen Men
- gen auf Lager haben muss erlaubt es, die T-Shirts mit jeweils aktuellen Motiven anzubieten, so z. B. dem Logo/Bild der laufenden Sonderausstellung.
- Die Anbieter stellen das zu bedruckende Textil und versenden es bedruckt, so dass man sich nicht weiter um die Materialien kümmern muss.
- Sie können die funktionierenden Shop- und Abrechnungsfunktionen des Anbieters nutzen und benötigen keine Eigenen.

Beachtenswert:

- Einige Anbieter geben die Möglichkeit, einen eigenen „Shop" zu eröffnen, auf den Käufer verwiesen werden können.
- Ein Vergleich der Anbieter lohnt sich je nach Anforderungen an den Druck (beidseitiger Druck, dunkle Textilien, besondere Formen).
- Oftmals gibt es günstigere Konditionen für größere Bestellungen (~ ab 25 Stück)

TIPPS UND TRICKS

➢ Je nach angestrebter Stückzahl lohnt es sich, auch ein Angebot von einem lokalen Copy-Shop einzuholen (keine Versandkosten) und in diesem Rahmen auch zu prüfen, ob extern (z.B. bei einem Modehaus) eingekaufte T-Shirts eine Ersparnis bilden.

Schlagwort(e) im Netz:

- T-shirt druck

Link:

www.shirtalarm.de; www.jazzyshirt.com; www.spreadshirt.net

Verwendbar für:

- Szenario: Ausstellung (A)
- Shopartikel für Museen und Ausstellungen (begrenzte Laufzeit)

HB

BILDDATENBANKEN

Programme und Internetanbieter, über die man seine eigenen Fotos im Internet einem bestimmten Personenkreis zugänglich machen kann.

Vorteile:

- Einfaches Zugänglichmachen von Bildern im Internet.
- Die Gruppe der Personen, die die Bilder sehen kann, wird vom Nutzer selbst festgelegt. So können bestimmte Bereiche für die Öffentlichkeit gesperrt werden.
- Einige Programme bieten die Möglichkeit, die Bilder vor dem Hochladen zu bearbeiten.
- Zahlreiche Schnittstellen zu anderen Medien, zum Beispiel Homepageanbietern und anderen Plattformen.
- Meistens besteht die Möglichkeit, auch Printabzüge oder andere Druckversionen von den Bildern direkt online zu bestellen.

Beachtenswert:

- Bei öffentlich einsehbaren Alben sollte man sich vorher in den AGBs des Anbieters über die Nutzungs- und Lizenzrechte informiert haben. Vor allem, da es zu Problemen kommen kann, wenn man öffentlich gemachte Bilder noch kommerziell nutzen will.
- Die Bilder zu bearbeiten, nachdem sie hochgeladen wurden, geht in der Regel nicht – deshalb sollte man darauf achten, dass die Bilder vorher präsentabel hergerichtet sind (Rote Augen, unscharf, richtig gedreht!)

TIPPS UND TRICKS

> Wenn der Anbieter selbst kein Programm zur Bearbeitung der Bilder vor dem Hochladen stellt, kann man mittlerweile im Internet kostenlose Bildbearbeitungsprogramme (z.B. gimp-shop) finden. So können auch etwas unscharfe Fotos oft noch präsentabel bearbeitet werden.

Schlagwort(e) im Netz:

- Webalbum
- photo sharing

Beispiellinks:

www.picasa.google.de; www.flickr.com; www.photobucket.com

Verwendbar für:

- Szenarien: Ausstellung (A), Freundeskreis (B), Grabung/ Projekt (C)
- Dokumentation von Grabungen.
- Veröffentlichen von Bildern (z.B. Ausstellungsobjekte) in einer geschlossenen Arbeitsgruppe.
- Virtueller Rundgang oder Highlights mit Zugangsbeschränkung.

HB

BILDERDIENSTE

Eigene Produkte kostengünstig über Online Anbieter erstellen, die Digitalbilder auf verschiedenen Medien drucken.

Vorteile:

- Digitalbilder können in Fotoqualität bestellt werden und werden dann ganz bequem zur angegebenen Lieferadresse geschickt.
- Es wird eine breite Palette von Druckmedien angeboten, d.h. Shirts, Mützen, Tassen, Mousepads, Magnete, Taschen, Schneekugeln, Poster, Schlüsselanhänger, Kochschürzen, Lesezeichen, Stofftiere und noch vieles mehr. Man kann sich aussuchen, welches Medium zum eigenen Projekt passt und z.T. ganz außergewöhnliche Medien bedrucken lassen.
- Sie erhalten ein komplettes Produktsortiment von einem Anbieter.
- Die angebotenen Medien haben oft eine höhere Qualität als ähnliche Angebote von Copy-Shops.
- Die Bedienoberfläche ist oft sehr einfach gestaltet.
- Der Zugriff ist rund um die Uhr, von jedem Ort aus möglich. Das Problem der Öffnungszeiten entfällt.

Beachtenswert:

- Unbedingt Preise vergleichen! Es gibt teilweise große Preisunterschiede.
- Immer die Lieferzeiten beachten. Meistens betragen diese nur ca. 2-3 Tage, bei größeren Bestellungen kann sich dies aber auch auf Grund der längeren Produktionsdauer verzögern.
- Gleiches gilt für die Lieferkosten, diese hängen vom bestellten Produkt und der jeweiligen Menge ab und werden erst in der Rubrik „Warenkorb" vom jeweiligen Anbieter angegeben. Immer mit einkalkulieren!
- Immer vorher ausrechnen, ob sich der Einsatz solcher Zusatzprodukte für das eigene Projekt lohnt!

TIPPS UND TRICKS

- ➢ Bei der Suchmaschinenrecherche mit den unten aufgeführten Begriffen stößt man immer wieder auf Testberichte zu den online Bilderdiensten, die sehr nützliche Infos enthalten. Dabei unbedingt auf das Datum achten!
- ➢ Für kleine Mengen von Standardprodukten wie T-Shirts oder Poster kann sich auch der Gang zum lokalen Copy-Shop lohnen → auch hier gilt: Preise vergleichen!
- ➢ Aktionsangebote von Handelsketten können z.T. günstiger sein, als bei dem betreffenden Bilderdienst selbst (z.B. Kooperation von Tchibo mit Klickfoto)

Schlagwort(e) im Netz:

- Bilderdienst
- Bild + Geschenk

Beispiellinks:

www.bilder-dienste.de; www.fotogeschenke.de; www.pixelnet.de

Verwendbar für:

- Szenarien: Ausstellungen (A), Freundeskreise (B, z.B. als Club-Shirt)
- Lohnenswert als kleine Werbegeschenke mit Wiedererkennungswert oder als durchaus ausgefallene Merchandiseprodukte, die nach Bild und Medium auf das eigene Projekt ausgerichtet werden können.

SK

Buch

Kostengünstige Produktion eigener Bücher im Digitaldruck durch das Book-on-Demand Verfahren.

Vorteile:

- Mit der neuen Druck-Technologie werden nur so viele Bücher gedruckt wie bestellt werden. Damit liegen die Kosten für ein Buch z.T. unter 50 €.
- Der jeweilige Anbieter erstellt eine digitale Druckvorlage aus dem vom Verfasser als Pdf-Dokument hochgeladenen Buch und druckt die Exemplare unmittelbar nach der Bestellung.
- Bei vielen Angeboten erhält das Buch kostenlos eine eigene ISBN-Nummer, wird im Verzeichnis lieferbarer Bücher (VLB) gemeldet und in Großhandelskatalogen gelistet; Pflichtexemplare werden zudem an die Deutsche Nationalbibliothek sowie an die Landes- und Staatsbibliotheken gesandt.
- Die Publikationen sind in Buchhandlungen im deutschsprachigen Raum und über das Internet erhältlich (z.B. bei amazon.de). Der Eigenvertrieb durch den Autor wird i.d.R. ausdrücklich gestattet.
- Meist ist eine freie Gestaltung des Buches inklusive des Covers und die Wahl zwischen verschiedenen Einbandarten, Buchformaten und Papieren möglich.
- Viele Verlage bieten kostenlose Werbeservices an (z.B. Artikel in ihrer Zeitschrift für Neuerscheinungen, Autoren-/ Buchportrait auf der Verlags-Website).

Beachtenswert:

- Bei einigen Anbietern bezahlt der Autor nur eine einmalige Grundgebühr, andere verlangen auch die Abnahme einer Mindestauflage.
- Für die Datenverwaltung fallen nur sehr geringe laufende Kosten an.
- Bei vielen Anbietern bestimmt der Autor selbst den Ladenpreis und dadurch die Höhe seines Honorars.
- Längere Lieferzeiten als beim Auflagendruck.
- Viele Verlage bieten Lektorat, Korrektorat, die Erstellung des Layouts und eine professionelle Vermarktung an. Diese Services sind jedoch z.T. sehr teuer.

TIPPS UND TRICKS

> ➢ Sollten sie im deutschsprachigen Raum eine wissenschaftliche Karriere anstreben, ist es ggf. ratsam bei populärwissenschaftlichen Arbeiten unter einem Pseudonym zu veröffentlichen.

Schlagwort(e) im Netz:

- Book on Demand, Books on Demand, Print on Demand

Beispiellinks:

www.bod.de; www.dr-klass.com; www.ruckzuckbuch.de

Verwendbar für:

- Szenarien: A Ausstellung/ Veranstaltung, C Ausgrabungen und Forschungsprojekte, D Publikation
- Populärwissenschaftliche Kurzdarstellung einer Haus- oder Abschlussarbeit.
- Populärwissenschaftliche Publikation als Zusatzprodukt zu einer Ausstellung oder zu Forschungsprojekten.
- Verkauf im Rahmen von Kursen, Vorträgen, Freundeskreisen.

LB

DATENBANKEN

→ s. Bilddatenbanken, Präsentation, Tonbeiträge, Video

DIRECT-MAIL

→ s. Newsletter

DRUCKSACHEN: UMSCHLÄGE, KARTEN ETC.

Mit persönlich gestalteten Briefumschlägen, Einladungen, Visitenkarten etc. können Sie für wenig Geld ein Corporate Design für Ihr Kulturunternehmen/-projekt schaffen.

Vorteile:

- Mit nur wenig Geld können Sie Werbung machen, die einen professionellen Eindruck hinterlässt.
- Durch ein individuelles, gleich bleibendes Design, welches den Interessenten über unterschiedliche Medien erreicht, erzielen sie einen Wiedererkennungswert.
- Sie können Ihren Interessenten direkt etwas mitgeben und im besten Falle einen bleibenden Eindruck hinterlassen.
- Der Interessent erhält Ihre Kontaktdaten in schriftlicher Form, ohne selbstständig Ihre Homepage besuchen zu müssen.
- Sie können nicht nur eine individuelle Gestaltung von Umschlägen, Einladungen etc. vornehmen, sondern auch individuelles Werbematerial herstellen (Postkarten mit Wortspielen, Kurzbeschreibungen, Tests etc.)

Beachtenswert:

- Je nachdem welche Menge an Umschlägen/Einladungen etc. Sie bestellen, ändert es sich, welcher Anbieter am günstigsten für Sie ist.
- Geben Sie Ihr Werbematerial nur an wirklich Interessierte weiter d. h. an Ihre Zielgruppe, da auch die verhältnismäßig geringen Kosten für das Material einen Verlust darstellen, wenn Sie keine positive Reaktion erzielen.
- Berücksichtigen Sie die Gesamtkosten: z.T. sind Porto- und Verpackungskosten teuerer als z.B. die eigentlichen Visitenkarten.

TIPPS UND TRICKS

➢ Wenn Sie gleich mehrere Produkte im gleichen Design ordern wollen, gibt es Anbieter, die Ihren Entwurf automatisch dem jeweiligen Format anpassen. (Sie entwerfen einen Briefumschlag und dieses Design wird Ihnen ohne weitere Arbeit auf Visitenkarten, Postkarten etc. zur Verfügung gestellt.)

Schlagwort(e) im Netz:

- Bedruckte Briefumschläge
- Online Druck
- individuelle Visitenkarten

Beispiellinks:

www.vistaprint.de; www.druckdiscount24.de; www.plusbrief-individuell.de

Verwendbar für:

- Alle Szenarien
- Kurzbeschreibung Ihres Projektes auf Postkartenformat
- Persönlich gestaltete Einladung zu Ihrer Ausstellung/Veranstaltung
- Fragebogen zu Ihrem Projektthema auf Visitenkartenformat (Neugierde wecken)

CK

54

EINLADUNG

→ s. Werbebrief, Drucksachen

FLYER / FALTBLATT

Die wesentlichen Aussagen zu Ihrem Projekt werden zusammengefasst. Als Basismedium wird der Flyer sowohl an Kontaktpunkten ausgelegt als auch versandt oder persönlich überreicht.

Vorteile:
* Er bringt Ihre Aussage auf den Punkt.
* Er ist kostengünstig und vielseitig einsetzbar.

Beachtenswert:
* Strukturieren Sie den Text so klar wie möglich. Die Aussagen müssen auf den Punkt kommen und sitzen, d.h. der Text sollte so kurz wie möglich sein. Er soll nicht „die Welt erklären" sondern Gedächtnisstütze und Anlass zur Kontaktaufnahme sein. Das ist meist wichtiger als eine aufwändige Gestaltung auf edlem Papier.
* Eine kostenlose Vorlage für einen Flyer in Word können Sie unter www.cultural-business.com herunterladen.
* Sie ist für den Druck über einen Standarddrucker geeignet.
* Im Internet finden sich zahlreiche kostengünstige Anbieter für Flyer. Als Dokument können Sie entweder eine der Vorlagen dort benutzen oder Sie müssen ein pdf in Druckqualität hochladen

TIPPS UND TRICKS
> Bei den Internetanbietern kennen Sie die Papierqualität nicht. Lassen Sie sich ggf. Muster zusenden. Die Angebote lassen sich nur bedingt vergleichen. Achten Sie dort vor allem auf die unterschiedlich hohen Portokosten. Nutzen Sie im ersten Schritt das kostenlose Wordtemplate (Vorlage). Wenn Sie feststellen, dass die Inhalte bei Ihrer Zielgruppe ankommen, können sie immer noch auf Internetanbieter oder Druckereien zugehen.

Schlagwort(e) im Netz:
* Flyer /Faltblatt kostengünstig

Beispiellinks:
www.vistaprint.de; www.cultural-business.com

* Alle Szenarien
* Als Gedächtnisstütze für Vorträge, Seminare.
* Als kleines kostengünstiges vermarktbares Produkt für eine Ausstellung, etc.

C D

INFODIENSTE

→ s. Online-Lexikon/ Wiki, Karten

INTERNET-SEITE

Kostenlose Software zur schnellen und einfachen Einrichtung einer Internetseite mit Hilfe eines Baukastenprinzips.

Vorteile:

- Einfaches Platzieren und Generieren von Elementen (Überschriften, Textfelder, Bilder, Bildergalerien, Tabellen usw.).
- Auswahl unter voreingestellten, veränderbaren Layouts und oft auch eigenes Programmieren von Designs (HTML-Kenntnisse!) möglich.
- Schnittstellen zu anderen Webdiensten (z.B. YouTube, Flickr) sparen Speicherplatz.
- Passwortgeschützte Bereiche erstellbar.
- Besucherzähler, teilweise detaillierte Zugriffsstatistiken (z.B. Besucher pro Monat, beliebteste Seiten, Suchausdrücke, mit denen die Homepage gefunden wurde, Seiten, von denen aus Besucher über einen Link zur Homepage gelangten).
- Mailing-System (Newsletter).

Beachtenswert:

- Der Anbieter erscheint im Namen der Internetadresse.
- Manche Homepages haben eine begrenzte, andere eine unlimitierte Seitenzahl. Zusätzlicher Speicherplatz, weitere Seiten und Extras können bei vielen Anbietern durch ein internes Punktesystem hinzuverdient werden.
- Die Homepages sind i.d.R. nicht werbefrei. Der Anbieter entscheidet über die Anzahl und den Inhalt der auf der Homepage platzierten Werbung. Diese kann bei einigen Anbietern durch das Hinzuverdienen von Punkten deaktiviert werden.
- Werbefreie Homepages mit einer eigenen Domain und mehr Speicherplatz werden von einigen Anbietern zu geringen monatlichen Kosten offeriert.

TIPPS UND TRICKS

> Unbedingt die Geschäftsbedingungen ansehen! Deren Kenntnis ist besonders im Zusammenhang mit dem Hochladen von Daten auf die eigene Homepage und der Verlinkung mit anderen Seiten wichtig.

Schlagwort(e) im Netz:

- kostenlose Homepage

Beispiellinks:

http://de.jimdo.com; http://www.freepler.de; http://www.2page.de

Verwendbar für:

- Szenarien: A Ausstellung/ Veranstaltung, B Netzwerke und Fördervereine, C Ausgrabungen und Forschungsprojekte, D Publikation
- Medienauftritt von Museen und anderen Kulturbetrieben.
- Informationsplattform für Vereine, Gemeinden und Schulklassen.
- Präsentation von Grabungsergebnissen.

LB

GOOGLE© KALENDER

Kostenlose Software zur Bearbeitung und Koordinierung von Terminen über das Internet.

Vorteile:

- Einfach zu handhabende Terminkalenderfunktion, dabei können verschiedene Kalender angelegt, farblich differenziert und übereinander geblendet werden. So sind Termine verschiedener Unterprojekte gut zu unterscheiden.
- Zu den Terminen können Einladungen versendet und Antworten erhalten werden, ohne dass die Gäste bei Google© Kalender angemeldet sein müssen.
- Kalender können für einen festgelegten Personenkreis oder gänzlich veröffentlicht werden. Durch diese selbstbestimmte Öffentlichkeit ist es möglich, Gruppen an einem oder mehreren Kalendern arbeiten zu lassen.
- Bei Bedarf kann via Mail, Pop-up oder SMS an einen Termin erinnert werden.
- Absolut übersichtliche und einfache Menügestaltung. Gute einführende Erklärung von Google© selbst.
- Suchfunktion um Termine zu finden.
- Öffentliche Kalender können auf eigener Homepage eingefügt werden.
- Kann mit anderen Google© Produkten leicht kombiniert werden.

Beachtenswert:

- Wie bei allen Google© - Produkten profitiert dieser Anbieter davon, dass das Surf- und Nutzungsverhalten des Nutzer (ggf. für Werbezwecke) analysiert wird. Angesichts der Tatsache, dass vergleichbare Programme nicht kostenlos sind, ist ein Einsatz bei Privatpersonen und Kulturprojekten mit einem Nullbudget durchaus vertretbar.
- Nicht nur via Computer, sonder auch via Handy nutzbar, daneben besteht auch die Möglichkeit, die Kalenderblätter auszudrucken.
- Eine Anmeldung bei Google© reicht, dann sind auch alle anderen Funktionen des Anbieters nutzbar.

Link:

auf www.google.de > Rubrik "mehr" >dort auf „Kalender"

Verwendbar für:

- Alle Szenarien
- Speziell bei der Terminkoordination von Projekten, an denen Personen aus verschiedenen Orten, Regionen oder Ländern zusammenarbeiten sehr nützlich, da Terminänderungen von Ausstellungen, bei Forschungsprojekten, Konferenzen etc. schnell übermittelt werden können.
- Absolut öffentliche Kalender können auf der eigenen Homepage dazu genutzt werden, Termine von Vorträgen, Soireen o.ä. schnell bekannt zu geben.

S K

KARTEN (GOOGLE© MAPS/ GOOGLE© EARTH)

Onlinekarten können mit Ihren (Projekt-)Informationen und Bildern im Internet hinterlegt werden.

Vorteile:

- Sie machen ein Kulturprojekt mit geographischem Bezug (z.B. Grabungsort) bekannt.
- Sie ermöglichen es nicht nur den von Ihnen ausgesuchten Ort leicht und exakt zu lokalisieren, sondern können dem Interessenten auch nähere Informationen liefern (z.B. Kontaktdaten, zeitliche Angaben etc.)
- Google© Earth, Google© Maps und Google© Adwords lassen sich gut miteinander verbinden.
- Sie können Ihren Eintrag bzw. Ihre Einträge über das Benutzerkonto laufen lassen, welches Sie auch für die anderen Google©-Dienste verwenden.
- Sie können Ihren Eintrag schnell und einfach bearbeiten.

Beachtenswert:

- Sie dürfen dieses Werkzeug nicht für explizite Werbung an Ihrem Projekt nutzen, sondern nur zur Förderung des Interesses.
- Die Nutzung darf nicht gewerblich, sondern muss privat erfolgen, wenn sie kostenlos bleiben soll. Anzeigen kosten.

TIPPS UND TRICKS

- ➢ Museen können an den Originalfundorten Fotos der Ausstellungsstücke hinterlegen und machen so auf sich aufmerksam.
- ➢ Surveys können Bilder Ihrer Funde als Basis für wissenschaftliche Auswertungen in den Karten publizieren (z.B. Fundorte von Felsbildern etc.).

Schlagwort(e) im Netz:

- Maps
- Earth

Beispiellinks:

http://maps.google.de; http://earth.google.de

Verwendbar für:

- Szenarien: Ausstellung (A), Ausgrabung mit Erläuterung (C)
- Vermerk der Funde bei einer Ausgrabung mit Erklärung der Objekte.
- Vermerk und Kommentierung der Handlungsorte/ Lebensräume etc., welche in einer Publikation erscheinen (Szenario D)

CK

KURZFÜHRER

Informative verkäufliche Kurzbeschreibungen zu projektbezogenen Themen im Flyer-Format.

Vorteile:

- Ein Kurzführer erläutert ein auf Ihr Projekt bezogenes Thema (z.B. die Herstellungsweise von Statuen oder Gemälden). Er ähnelt hierin dem Infopapier zum Download, ist aber – wie der Name sagt – wesentlich kürzer gefasst.
- Sie können auf einfache Weise Ihr bereits erworbenes Wissen „zweitverwerten".
- Kurzführer sind ein in Produktion und Verkauf besonders kostengünstiges Informationsmedium.
- Da sie allerdings nicht kostenlos sind, werden sie auch nicht so schnell weggeworfen wie Flyer.

Beachtenswert:

- Der Inhalt eines Kurzführers muss für die Zielgruppe interessant und verständlich sein und ist wichtiger als seine Gestaltung. Er fasst die wesentlichen Informationen knapp und klar strukturiert zusammen.
- Der hier vorgeschlagene Kurzführer hat die Größe eines Flyers.
- Eine kostenlose Vorlage für einen Flyer in Word können Sie unter www.cultural-business.com herunterladen. Sie ist für die Herstellung eines Kurzführers und den Druck über einen Standarddrucker geeignet.
- Im Internet finden sich zahlreiche kostengünstige Anbieter für Flyer. Als Dokument können Sie entweder eine der Vorlagen dort benutzen oder Sie müssen ein pdf-Dokument in Druckqualität hochladen.

TIPPS UND TRICKS

- ➤ Wählen Sie ein einheitliches Layout (Schriftarten, Farben) für Ihre Kurzführer, Flyer und anderen Produkte und erhöhen Sie so deren Widererkennungswert.
- ➤ Fügen Sie den Briefen/ E-Mails an Freundeskreismitglieder zu besonderen Anlässen (z.B. einem Vortrag, Weihnachten) oder in einem bestimmten Turnus kostenlos einen Kurzführer bei und zeigen den Adressaten auf diese Weise, dass sie eine Gegenleistung für ihre Beiträge bekommen.

Schlagwort(e) im Netz:

- Flyer/Faltblatt kostengünstig

Beispiellinks:

www.vistaprint.de; www.cultural-business.com

Verwendbar für:

- Szenarien: Ausstellung / Veranstaltung (A), Netzwerke und Fördervereine (B).
- Besonders kostengünstiges Zusatzprodukt zu einer Ausstellung, Aufführung usw.
- Sondergabe für Freundeskreise.

LB

MAGAZIN

Günstige und einfache Erstellung eines eigenen Magazins.

Vorteile:

- Mit einem Magazin stellen Sie regelmäßig aktuelle Informationen zu Ihrem Kulturprojekt bereit.
- Auf diese Weise binden Sie Kunden (v.a. Freundeskreismitglieder) langfristig an Ihr Projekt.
- Magazine haben einen größeren Informationsgehalt als Kurzführer und sind im Verkauf günstiger als Bücher.
- Sie können auf einfache Weise Ihr bereits erworbenes Wissen „zweitverwerten".

Beachtenswert:

- Eine kostenlose Word-Vorlage für ein Magazin können Sie unter www.cultural-business.com herunterladen. Sie ist für den Druck über einen Standarddrucker geeignet.
- Viele Internetanbieter stellen Magazine im Auflagendruck her. Diese Angebote kosten allerdings meist mehrere hundert Euro pro Bestellung. Book-on-Demand Verlage drucken i.d.R. erst ab einer für Magazine zu hohen Mindestseitenzahl.
- Der Inhalt des Magazins ist wichtiger als eine aufwendige Gestaltung und muss für die Zielgruppe interessant und verständlich sein.

TIPPS UND TRICKS

> ➢ Soll das Magazin kostenlos an Freundeskreismitglieder verteilt werden, muss der Mitgliedsbeitrag die Produktionskosten decken.
> ➢ Ein aufwendiger gestaltetes Magazin lohnt sie ebenfalls erst, wenn die Einnahmen (Eintrittspreise, Mitgliedsbeiträge von Fördervereinen) die Kosten decken.

Beispiellinks:

http://www.cultural-business.com

Verwendbar für:

- Szenarien: Ausstellung/ Veranstaltung (A), Ausgrabungen und Forschungsprojekte (C)
- Exklusives Mitgliedsmagazin für Freundeskreise.
- Sammelbare Sonderausgaben zu einzelnen Ausstellungsobjekten, Themen oder Sonderausstellungen/ -veranstaltungen.

L B

MEDIEN

→ s. Buch, Kurzführer, Magazin

MINISTUDIE/ INFOPAPIER ZUM DOWNLOAD

In Ministudien zu einem Teilaspekt Ihres Projektes stellen Sie auf einfache Art Ihre Kompetenz unter Beweis. Sie bieten Ihrer Zielgruppe einen „kostenlosen" Service und machen neugierig auf Ihr Hauptprojekt.

Vorteile:

- Sie zeigen Ihre Kompetenz
- Sie haben eine kostengünstige „Zweitverwertung" für Ihre wissenschaftliche Arbeit.
- Sie bieten Ihrer Zielgruppe einen „kostenlosen" Service und machen neugierig auf Ihr Hauptprojekt.
- Sie machen Ihre Website attraktiver, wenn Sie solche Studien zum Download anbieten.
- Sie geben anderen die Möglichkeit, für Sie zu werben, in dem Sie Ihre Ministudien ihren Bekannten und Kollegen weiterempfehlen.

Beachtenswert:

- Der Inhalt muss für die Zielgruppe spannend sein, die Gestaltung ist nebensächlich.
- Die Inhalte müssen für Ihre Zielgruppe nützlich, interessant und verständlich sein und Ihre Fachkompetenz herausstellen.
- Es muss ein Nebenthema sein, was bei der Zielgruppe dazu führt, die Bedeutung Ihres Projektes besser zu verstehen.
- Dieses Thema sollte max. 12 DIN A4 Seiten umfassen (und für Sie nicht mehr als 1 Tag Arbeit sein).

TIPPS UND TRICKS

➢ Damit niemand Ihre Ausarbeitungen einfach kopieren kann, stellen sie Sie nur als nicht veränderbares pdf ein. Hierzu gibt es kostenlose Programme. Versehen Sie Ihr Dokument auf jeder Seite mit dem Copyrightvermerk (©IhrName, Jahreszahl). Geben Sie Ihre Webadresse und Ihre Kontaktadresse an.

Schlagwort(e) im Netz:

- Pdf-maker
- Ghostscript
- pdf erstellen

Verwendbar für:

- Szenarien: Ausstellung (A), Fördervereine(B), Forschungsprojekte (C)
- Bei Fördervereinen sollten die Ministudien exklusiv für den Verein sein.

C D

MITARBEITERZEITUNGEN

Artikel / Zusatzangebote in den Mitarbeiterzeitungen größerer Firmen platzieren und Sonderaktionen mit diesen Firmen umsetzen.

Vorteile:

* Sehr gute Verbreitung Ihres Projektes innerhalb einer Firma und hohe Glaubwürdigkeit.
* Meist hochprofessionelle Darstellung, ohne größere Kosten für Sie und Ihr Projekt.
* Möglichkeiten zur Sponsorenakquise werden erschlossen.

Beachtenswert:

* Bauen Sie dauerhaft Kontakt zu den Redaktionen der Mitarbeiterzeitungen der fünf größten Firmen in Ihrem Umfeld auf.
* Die meisten Firmen verfügen über Mitarbeiterzeitungen (oder Intranet) ab etwa 1.000 Mitarbeitern.
* Ihr Angebot muss zum Stil des Unternehmens passen und einen Vorteil für die Mitarbeiter darstellen.

TIPPS UND TRICKS

> Entwickeln Sie speziell Angebote für Mitarbeiter und Kunden des Unternehmens. Dies kann z.B. auch Bestandteil eines Sponsoringpaketes sein.

Schlagwort(e) im Netz:

* Mitarbeiterzeitungen
* Interne Kommunikation

Beispiellinks:

http://inkom-grandprix.com/ (auf Edition Jahrbuch klicken)

Verwendbar für:

* Szenarien: Ausstellungen (A), Projekte (eingeschränkt) (C) und Ausgrabungen (D)

C D

NEWSLETTER UND DIRECTMAIL (ONLINE)

Kostenloses, interaktives Rundschreiben, welches an eine Gruppe von Empfängern geschickt wird.

Vorteile:
- Sie können leicht, schnell und kostengünstig den Kontakt zu Ihrem „Kundenkreis" halten und pflegen.
- Durch einen entsprechenden Link erleichtern Sie dem Interessenten die Kontaktaufnahme mit Ihnen.
- Newsletter und auch Directmail sind in ihrer Aktualität mit keinem anderen Informationsmedium zu vergleichen.
- Durch die Archivierung der Newsletter erhalten Sie eine Art Chronik Ihres Kulturprojektes/-unternehmens.

Beachtenswert:
- Die Directmail unterscheidet sich vom Newsletter hauptsächlich darin, dass sie zu einem konkreten Anlass versendet wird - im Gegensatz zum regelmäßig erscheinenden Newsletter.
- Der Newsletter eignet sich für einen langfristigen Kontakt zum Interessenten.
- Nutzen Sie die Möglichkeit des regelmäßigen Kontaktes, aber übertreiben Sie es nicht. Halten Sie den Newsletter relativ kurz und übersichtlich. Wenn der Empfänger das Interesse verliert, da er zu viele und zu lange „unwichtige" Rundschreiben erhält, verlieren Sie einen Kunden.
- Informieren Sie sich detailliert über die äußere Form eines seriösen Newsletters, damit Ihrer nicht sofort als Spam behandelt wird.
- Ermöglichen Sie dem Interessenten eine einfache und schnelle Anmeldung.

TIPPS UND TRICKS
> Sie müssen das schriftliche Einverständnis des Empfängers einholen, dass dieser den Newsletter beziehen möchte, da das Verschicken sonst als rechtswidrige Handlung angesehen wird. Setzen Sie einen Link unter Ihren Newsletter, der es dem Empfänger ermöglicht, sich schnell und einfach aus diesem auszutragen.
> Manche Anbieter ermöglichen es Mitgliederstatistiken zu erstellen (An-/Abmeldung, welche Themen werden angeklickt etc.)
> Achten Sie darauf, dass Newsletter und Directmails Informationen enthalten, die für den Empfänger wirklich nützlich und wertvoll sind.

Schlagwort(e) im Netz:
- Newsletter kostenlos erstellen, Directpoint (Schweizer Post), E-Mail-Marketing

Beispiellinks:
http://www.newsletterboy.de; http://www.domeus.de; http://webmart.de

Verwendbar für:
- Szenarien: Ausstellungen (A), bzw. Museumsnewsletter, Freundeskreisrundbrief (B), Projektnewsletter (C)
- 1-Mann-Künstler können über Ihr Programm informieren.
- Halten Sie Interessenten über den Verlauf Ihrer Ausgrabung auf dem Laufenden.
- Informieren Sie über Ihre Ausstellung und das Rahmenprogramm, geben Sie (Link-) Tipps zur nächsten Beschäftigung mit Ihrem Projektthema.

CK

OFFICE-SOFTWARE/ OPEN OFFICE

Kostenlose Software zum Erstellen verschiedener Dokumente (Texte, Tabellen, Präsentationen u.ä.)

Vorteile:

- Kostenloses Paket mit Funktionen und Programmen auf dem Standard von Microsoft Office Pro.
- Programme zur Erstellung von Textdokumenten, Tabellenkalkulationen, Slideshows, Grafiken, mathematischen Thermen sowie ein Datenbankprogramm zur Verwaltung.
- Benutzeroberfläche ist den meisten Anwendern von Windows bekannt.
- Open Office ist plattformunabhängig, d.h. mit den meisten Betriebssystemen kompatibel.
- Open Office ist in der Lage, Dokumente in den meisten Formaten anderer Anbieter darzustellen und neu erstellte Dokumente in diesen Formaten zu speichern, um den freien Austausch zu gewährleisten.
- Datenbankprogramm (BASE) integriert vorhandene Datenbanken (MySQL, PostgreSQL oder Microsoft Access)

Beachtenswert:

- Der Quellcode des Programms ist offen einsehbar, um eine ständige Verbesserung zu ermöglichen.
- Die Funktion „Auto-Vervollständigen" bietet in einem dynamischen Lernprozess die Vervollständigung begonnener Wörter an.
- Online-Registrierung möglich, um Feedback zum gegenwärtigen Stand zu geben und Informationen über Verbesserungen des Programms zu erhalten.
- Neben einem Speichern des Dokumentes in gängigen Open Office-, Microsoft oder Linux-Formaten gibt es auch die Möglichkeit, das Dokument direkt in eine pdf-Datei zu exportieren.

Schlagwort(e) im Netz:

- Open Office

Beispiellinks:

http://de.openoffice.org

Verwendbar für:

- Alle Szenarien
- Erstellen von Flyern und Informationsbroschüren.
- Erstellen von Slideshows zur Veröffentlichung im Internet.
- Erstellen von pdf-Dateien zum Download auf der Internetseite.

HB

ONLINE-GEMEINSCHAFTEN/ COMMUNITIES

Interessengruppen über kostenlose Online-Netzwerke bilden und finden, die es ermöglichen ein persönliches Profil zu erstellen.

Vorteile:

- Sie können durch das Bilden und Suchen von Gruppen Leute finden, die an Ihrem Projektthema interessiert sind, in der Nähe Ihres Projektes leben etc.
- Sie können auch auf lange Sicht Ihr Netzwerk ausbauen und über die jeweilige Plattform Ihre Kontakte pflegen.
- Sie können je nach Anbieter mit Bildern und Videos das Thema Ihres Kulturprojektes darstellen und das Interesse daran steigern.
- Sie können Interessenten sofort kontaktieren und selbst leicht kontaktiert werden.
- Sie können sich einfach und schnell anmelden.
- Sie entscheiden, wer auf Ihre Daten zugreifen darf und Sie verwalten diese eigenständig.

Beachtenswert:

- Achten Sie darauf, ob Ihre Zielgruppe beim jeweiligen Netzwerk überhaupt für eine Mitgliedschaft zugelassen ist (z.B. keine Minderjährigen bei StudiVz und Xing).
- Achten Sie darauf, wo Ihre Interessenten leben, da Ihre Ausstellung/ Veranstaltung o.ä. wohl niemand besuchen wird, der 400 km weit weg wohnt.
- Sie dürfen keine Kettenmails an die Mitglieder des Netzwerkes schicken und diese zum Kauf Ihres Produktes (Ausstellungsbesuch, Publikation, etc.) auffordern, der Kontakt muss persönlich bleiben.
- Manche Mitgliedschaften sind kostenpflichtig, wenn Sie den vollen Funktionsumfang nutzen wollen (z.B. Profi-Mitgliedschaft Xing, ca. 5 € monatlich).

Schlagwort(e) im Netz:

- Studivz
- Xing
- myspace

Beispiellinks:

http://www.studivz.net; http://www.xing.com; http://www.myspace.com

Verwendbar für:

- Szenarien: Netzwerke/ Freundeskreise (B); Ausgrabungen/ Forschungsprojekte(C)
- Werben für die eigene Person und die eigene Kompetenz (Xing wird auch zur Mitarbeitersuche genutzt).
- Steigerung des Interesses an Ihrem Projektthema, über einen kurzen Vortrag, den Sie in Form eines Videos präsentieren.
- Ankündigung von Terminen in Gruppen und auf der eigenen Seite.
- Gruppe

CK

ONLINE-LEXIKON/ WIKI

Online Lexika (Wiki- von Hawaiianisch „schnell") können um allgemein rele-vante Informationen zu Ihrem Projekt ergänzt werden.

Vorteile:

- Bei so genannte **„Wikis"** können die Nutzer den Inhalt der jeweiligen Datenbank - oft nach Registrierung - frei bearbeiten.
- Diese Lexika sind von jedem Ort mit Internetanschluss aus einzusehen.
- Online Lexika werden häufig aktualisiert und machen Wissensstände und Diskussionen einer Vielzahl von Autoren und Lesern zugänglich.
- Sie enthalten neben den aus gedruckten Lexika bekannten Inhalten wie Text und Bild oft auch Filmaufnahmen, animierte Grafiken und Tonaufnahmen zum jeweiligen Thema.
- Verlinkungen innerhalb der Stichworte sind einfacher und schneller zu finden als in den gedruckten Lexika.

Beachtenswert:

- Ein Wiki hat keinen namentlichen Autor und kann nicht als wissenschaftlich verwertbare Quelle gelten.
- Es gibt keine Garantie für die Qualität der dort verzeichneten Beiträge.
- Wiki ist lediglich ein Oberbegriff, es gibt eine Vielzahl von Technologien, die ein Online-Lexikon möglich machen.
- Die frei zu bearbeitenden Lexika sind in der Regel kostenlos, es gibt jedoch auch kos-tenpflichtige Angebote.
- Bei den Wikis herrscht meist Selbstkontrolle der Nutzer, bei Einträgen aus sehr spezifi-schen Gebieten können sich daher Fehler oder Scherz-Seiten einschleichen→ eigenes Auftreten sollte sich davon unterscheiden.
- Zu spezifischen Themen gibt es oft eigene Wikis.
- Die Bearbeitung kann auf registrierte Nutzer beschränkt sein/ werden, sehen kann die Einträge jedoch jeder.

TIPPS UND TRICKS

- ➢ Es gibt tatsächlich nicht nur den Riesen Wikipedia. Kleine Wikis zu Spezialthemen können für das eigene Projekt manchmal ganz nützlich sein, speziell wenn man selbst eins anlegt und Themen so im Plenum bearbeiten kann.
- ➢ Wikipedia und andere online Lexika sind KEINE Werbeplattformen, ein Eintrag bei Wikipedia lohnt sich, um das Projekt allgemein bekannt zu machen, Infos zu geben OHNE direkte Kaufaufforderung, vgl. dort den Eintrag „Cultural Business"

Schlagwort(e) im Netz:

- online lexikon/ wiki

Beispiellinks:

www.wikipedia.de ; http://de.tikiwiki.org

Verwendbar für:

- Szenarien: Freundeskreis (B), Forschungsprojekt (C), Publikation (D)
- Eigenes Wiki ist lohnenswert bei Projekten, die Kooperation verlangen. Neueste Ergeb-nisse und Projekte können so schnell publiziert werden. So kann erste Aufmerksamkeit für ein Projekt erzielt werden.
- Ein Wiki oder Blog kann auch die Grundlage (Stoffsammlung) für ein Sachbuch sein, das die Ergebnisse nach einem gewissen Zeitraum zusammenfasst.   SK

ONLINE-SHOP

Kostenlose Erstellung eines eigenen Shops im Internet, der es Ihnen ermöglicht persönlich ausgewählte/hergestellte Produkte zu verkaufen.

Vorteile:

- Sie können über Produkte die zu Ihrem Projekt passen das Interesse daran steigern.
- Sie schaffen sich eine kleine Zusatzfinanzierung.
- Sie können verfolgen, wie viele Personen Ihren Shop besuchen, wie viele einen Einkauf tätigen, was gekauft wird etc. → messbarer Erfolg.

Beachtenswert:

- Wird Ihr Shop länger nicht benutzt kann er je nach Anbieter ohne Nachfrage gelöscht werden.
- Der Anbieter ist meistens auf der Shop-Seite verlinkt und es erscheint Werbung von Dritten, die nur gegen eine Gebühr zu entfernen ist.
- Überlegen Sie gut, ob sich der Aufwand für Sie lohnt und Sie genug Zeit haben, denn über die Erstellung des Shops hinaus muss dieser intensiv betreut werden.

TIPPS UND TRICKS

- ➢ ACHTUNG: Viele Betreiber bieten den Shop nur kurze Zeit kostenlos an und erheben dann unterschiedlich hohe Gebühren an den Betreiber. Auch prinzipiell kostenlose Programme bieten viele kostenpflichtige Zusatzleistungen an oder fordern eine Verkaufsprovision.
- ➢ Publikationen sind besser über die Print-on-Demand Hersteller zu verkaufen, als über „echte" Shops

Schlagwort(e) im Netz:

- Online Shop kostenlos erstellen, Online-Auktionen

Beispiellinks:

www.mincil.de; www.venditio.com; www.webmart.de; www.ebay.de

Verwendbar für:

- Szenario Ausstellungen (A) und Ausgrabungen/Forschungsprojekte (C)
- Ebay wurde auch schon zur Steigerung der Projektbekanntheit genutzt durch skurrile Auktionen z.B. Versteigerung der Maurerkelle des Ausgrabungsleiters
- Sie können Werbeartikel passend zu Ihrem Projekt verkaufen
- Sie können ganze Produktpakete und Leistungen verkaufen

CK

ONLINE-TAGEBUCH/ BLOG

Kostenloses Online-Tagebuch bzw. eine Internetseite mit fortlaufenden Einträgen, die von anderen Nutzern kommentiert werden kann.

Vorteile:

- Möglichkeit, mehrere Personen als Autoren des Blogs zu autorisieren und damit eine Online-Kommunikationsplattform einzurichten.
- Keine aufwendige Gestaltung notwendig, da der Schwerpunkt auf den aktuellen Textbeiträgen liegt.
- Der Nutzer legt selbst fest, wer seinen Blog lesen kann und wer darauf Einträge oder Kommentare zu Einträgen verfassen darf.
- Themenbezogene Blogs bieten die Möglichkeit, mit interessierten Personenkreisen in Kontakt zu kommen.
- Der tagebuchähnliche Aufbau der Einträge ermöglicht es, schnell die aktuellsten Informationen zu finden, aber auch den Lauf einer Diskussion zu verfolgen.

Beachtenswert:

- Einfache Layouts und Einträge sind in der Regel schnell gemacht, aber wer einen etwas individuelleren Auftritt haben und die vielen Möglichkeiten ausschöpfen möchte, der muss sich etwas eingehender mit der Gestaltung befassen.
- In die Einträge können neben Text auch kleine Video- oder Audiobeiträge gesetzt werden.
- Es gibt zwar mittlerweile auch Internetverzeichnisse für Blogs, dennoch ist eine Verlinkung zur Homepage oder einer ähnlichen zentralen Schaltstelle sinnvoll, damit der Blog auch gefunden wird.

Schlagwort(e) im Netz:

- Blog erstellen

Beispiellinks:

www.blogger.de; www.blog.de; www.blogpod.de

Verwendbar für:

- Szenarien: Ausstellung (A), Freundeskreis (B), Grabungsprojekt (C)
- Zeitnahe Präsentation von Grabungen, „Grabungstagebuch""
- Diskussionsplattform für Gruppen
- Erschließen neuer, interessierter Personenkreise

HB

PODCAST

→ s. Tonbeiträge

POSTER

Es verdichtet die Projektinformationen an Kontaktpunkten so stark und überzeugend, dass es den Impuls auslöst, sich weiter informieren zu wollen.

Vorteile:

- Es bringt Ihre Aussage noch stärker auf den Punkt.
- Es bringt Ihrem Projekt Bekanntheit.
- Je nach Aushangpunkt können Sie eine große Reichweite bei Ihrer Zielgruppe und „Laufkundschaft" schaffen.

Beachtenswert:

- Sie haben etwa 3 Sekunden, um mit hrem Poster die Aufmerksamkeit des Betrachters zu fesseln.
- Sie brauchen eine schlagkräftige Titelzeile, die zum Weiterlesen anregt.
- Nur 3 % lesen in der Regel überhaupt das Kleingedruckte.
- Die Gestaltung muss ins Auge fallen, der Text muss für den Impuls sorgen, sich weiter zu informieren.

TIPPS UND TRICKS

> Selbst wenn Sie für Ihre Werbung kein Poster benötigen., ist dies ein guter Test, ob Sie wirklich in der Lage sind, Ihr Projekt (im wahrsten Sinne des Wortes) plakativ darzustellen. Dazu genügt auf jeden Fall die Wordvorlage (A3) unter www.cultural-business.com

Schlagwort(e) im Netz:

- Poster kostengünstig

Beispiellinks:

www.vistaprint.de; www.cultural-business.com; www.posterxxl.com

- Szenarien: Ausstellung (A), ggf. Projekt (bei Vortragsankündigen) (C), Publikation (D)
- Vortragsankündigungen

C D

PRÄSENTATIONSDATENBANK SLIDESHARE

Erstellen und Veröffentlichen von informativen Präsentationen im Internet.

Vorteile:

- Präsentationen können einer großen Anzahl von Interessenten zur Verfügung gestellt werden.
- Präsentationen können entweder vom eigenen Computer hochgeladen oder online erstellt werden.
- Die Verschlagwortung der Präsentation auf der Website und die Kommentare dazu sorgen dafür, dass die Präsentation von Suchmaschinen gefunden wird.
- Das Hochladen der Präsentation auf eine solche Plattform spart Platz und Datentransfer auf der eigenen Homepage, wo die Präsentation verlinkt werden kann.
- Zahlreiche Schnittstellen zu Communities und anderen Plattformen ermöglichen die Verbindung mit anderen Angeboten.
- Die Präsentationen können mit vergleichsweise einfachen Mitteln (Powerpoint, Open Office, pdf) selbst erstellt werden.
- Je nach Inhalt können die Präsentationen so angelegt werden, dass der Benutzer die Folien einzeln weiterklicken kann, passend zu seiner Lesegeschwindigkeit, oder dass die Bilder automatisch aufeinander folgen.

Beachtenswert:

- Die erstellte Präsentation darf keine reine Werbung beinhalten!
- Bezüglich der Bild- und Nutzungsrechte sowie der Datenschutzauflagen sollte man in jedem Fall die AGBs des Anbieters lesen.
- Enge Zusammenarbeit der Anbieter mit den Anbietern von Audiobeiträgen (v.a. Podcast) ermöglicht es, die Präsentationen auch mit Ton zu unterlegen.
- Präsentationen können heruntergeladen und somit auch internetunabhängig vorgeführt werden.
- Manche Anbieter machen die hochgeladenen Präsentationen nur für Mitglieder der Community sichtbar, bei anderen kann der Benutzer selbst einstellen, wer seine Show sehen soll.

Schlagwort(e) im Netz:

- Slideshow
- Slide share

Beispiellinks:

www.slide.com; www.slideshare.net; www.slideroll.com

- Szenarien: Freundeskreis (B) und Grabungsprojekt (C)
- Info-Material und Unterrichtsmaterial für Schulen, zum Beispiel zur Vorbereitung eines Museumsbesuchs
- Zusammenfassung einer Bild- Dokumentation über einen längeren Zeitraum.
- Virtueller Rundgang mit Zusatzinformationen/ Führung durch eine Ausstellung als besonderes Angebot für einen Freundeskreis oder eine andere geschlossene Benutzergruppe.

HB

PRESSEMITTEILUNG

Kostenloses Einstellen von Pressemitteilungen sowie Tipps zur Pressearbeit.

Vorteile:

- Pressemitteilungen (außer illegaler und sittenwidriger Inhalt) können kostenlos und unkompliziert eingestellt werden
- Mittlerweile auch von Redaktionen und Presseagenturen genutztes Portal.
- Pressemitteilungen verweisen auf Ihren Webauftritt und steigern Ihren Rang bei den Suchmaschinen.
- Guter Einstieg in die Welt der Pressearbeit.
- Den Erfolg der eigenen Pressarbeit überwachen: Online-Medien nach Nachrichten über das eigene Projekt durchsuchen und sich automatisch benachrichtigen lassen.

Beachtenswert:

- Nicht alle scheinbar kostenlosen Pressedienste sind es wirklich. Manche bieten eine kostenlose Probenutzung von bis zu 4 Wochen an.
- Die Suche nach Presseberichten zum eigenen Projekt erstreckt sich nur auf die Online-Medien.
- Presseberichte aus den „richtigen", gedruckten Medien, so genannte Presseclippings, sind kostenpflichtig.

TIPPS UND TRICKS

➢ Unbedingt die Grundregeln einer Pressemitteilung beachten (z.B. muss der Text vom Ende bis zum Anfang absatzweise zu kürzen sein). Mehr dazu im Anwenderbuch oder unten in den einschlägigen Webportalen.

Schlagwort(e) im Netz:

- kostenlose Pressemitteilungen

Beispiellinks:

www.openpr.de; www.google.de/news; www.google.com/alerts

Verwendbar für:

- Szenarien: Ausstellungen (A), Projekte (eingeschränkt) und Ausgrabungen (C)
- Testen der Akzeptanz des eigenen Projektes durch die Presse

C D

SERVICES

→ s. Ministudie, Online-Tagebuch

GOOGLE© TEXTE UND TABELLEN

Kostenlose Software zur Erstellung von Dokumenten, Tabellen und Präsentationen im Internet.

Vorteile:

- Es können sowohl eigene Dokumente und Tabellen hochgeladen, wie auch online erstellt, abgelegt und verwaltet werden.
- Zugriff auf die eigene Arbeit ist von jedem Computer mit Internetanschluss aus möglich.
- Die Dokumente etc. können einem genau definierten Personenkreis freigegeben werden, der diese bearbeiten oder nur ansehen kann, so dass eine ortunabhängige Zusammenarbeit verschiedener an einem Projekt beteiligter Personen möglich ist.
- Die Dokumente können simultan mit anderen, die diese gerade betrachten oder bearbeiten, diskutiert werden.
- Gute Kombinationsmöglichkeit mit anderen Google© Diensten wie z.B. Blogger.

Beachtenswert:

- Wie bei allen Google©-Produkten profitiert dieser Anbieter davon, dass das Surf- und Nutzungsverhalten des Nutzers (ggf. für Werbezwecke) analysiert wird. Angesichts der Tatsache, dass vergleichbare Programme nicht kostenlos sind, ist ein Einsatz bei Privatpersonen und Kulturprojekten mit einem Nullbudget durchaus vertretbar.

Beispiellinks:

www.google.de → „mehr" dort auf „Text & Tabellen"

Verwendbar für:

- Alle Szenarien
- Effektives Abstimmen von Zeitplänen bzw. gegenseitiges Informieren über die eigenen Aktivitäten bei Projekten, Projektkoordination kann so verwaltet werden.
- Gemeinsames Erstellen/ Korrekturlesen von Flyern o.ä. innerhalb einer Projektgruppe.
- Veröffentlichung von Dokumenten für Interessierte.

CK/ SK

Tonbeiträge/ Podcast

Kostenlose Bereitstellung und Präsentation von informativen Ton- oder Filmbeiträgen (Audio und Video) auf einem Podcast-Portal im Internet.

Vorteile:

- Ton- und Videobeiträge machen wissenschaftliche Beiträge und Serien zu Projekten erlebbar.
- Sie sind nach einer kurzen Einarbeitungszeit für jeden selbst erstellbar. Kostengünstige/ - lose Software dazu gibt es im Internet (mp3-maker o. audacity).
- Podcasts/ Vodcasts auf Podcast-Portalen werden von anderen Nutzern leichter gefunden und sind einfach zur eigenen Homepage zu verlinken. Das spart Speicherplatz auf der eigenen Seite.
- Podcasts und Vodcasts können vom Bezieher sowohl online angehört/ angesehen, als auch auf dem eigenen MP3-Player/ Computer gespeichert werden und sind für den Bezieher daher jederzeit verfügbar.
- Die Anbieter bieten Statistiken zum Abruf der Podcasts/ Vodcasts.
- Rückmeldungen durch Kommentare zu den Podcasts/ Vodcasts.
- Die Beiträge können von den Interessenten im Bekanntenkreis leicht weiterempfohlen bzw. gemailt werden.

Beachtenswert:

- Podcasts/ Vodcasts können z.T. direkt über ein Portal abonniert werden, i.d.R. ist jedoch eine bestimmte Software (RSS-Client/ Podcatcher) erforderlich.
- Podcast- Verzeichnisse suchen und stellen z.T. selbständig Podcasts/ Vodcasts ein, die nicht bei ihnen angemeldet wurden. Auf Wunsch des Eigentümers werden diese jedoch gelöscht.
- Podcasts werden nicht automatisch von Suchmaschinen gefunden, sondern nur über ihre Verschlagwortung oder Kommentierung auf den Portalen.
- Schnittstellen zu immer mehr anderen Anbietern, vor allem von Bildbeiträgen, die sich mit Podcast- mp3s zusammenbringen lassen.

Tipps und Tricks

- ➢ Präzise Beschreibungen durch Stichwörter verbessern die Auffindbarkeit der Podcasts/ Vodcasts in Suchmaschinen.
- ➢ Podcasts sind dann besonders effektiv, wenn sie in einem festen Rhythmus (z.B. monatlich) herausgegeben werden, als Radioserie.

Schlagwort(e) im Netz:

- Podcast
- Podcasting Portal
- Vodcast
- mp3-maker
- audacity

Beispiellinks:

www.podplaza.de; www.podcast.de; http://podster.de

Verwendbar für:

- Szenario A: digitaler Ausstellungsführer, Experteninterviews
- Szenario B: Grabungsberichte als Serie
- Szenario C: Vorabinformation/ Mini-Hörbuch zu einer Publikation.   LB/HB

VIDEO

Kostenlose Präsentation von informativen Kurzfilmen auf einem Videoportal im Internet.

Vorteile:

- Videos sind im Internet die meistgeklickten Medien, wenn es um Informations- und Wissensvermittlung geht.
- Videos machen Kultur und Informationen auf einfache, kostengünstige Weise sichtbar. Dabei sind die Inhalte wichtiger als eine professionelle Verfilmung.
- Videos können auf Videoportalen eingestellt, in die eigene Internetseite eingebettet und als Link verschickt werden. Das spart Speicherplatz auf der eigenen Internetseite und die erforderliche Technologie.
- Meist können beliebig viele Videos eingestellt werden.
- Eigene Profilseite auf dem jeweiligen Videoportal.
- Der Zugang zu Videos lässt sich auf bestimmte Personen beschränken.
- Es ist möglich, Videos von bestimmten Personen oder zu bestimmten Themen zu abbonieren.
- Rückmeldungen durch Kommentare zum Video.
- Diskussionen in Gruppen und Chats.

Beachtenswert:

- Die Videos können meist nur in einer Favoritenliste gespeichert werden. Mit der kostenlosen Software „Videograbber" (Download z.B. auf www.pcwelt.de) ist es jedoch möglich, Videos auf dem eigenen Rechner zu speichern.
- Bei den meisten Portalen ist die Dateigröße für Videos auf maximal 100 MB, die Länge auf 10 min. beschränkt.
- Manche Anbieter schalten nicht nur auf ihrer Hauptseite, sondern auch vor und nach den Videos Werbung.

TIPPS UND TRICKS

> Präzise Beschreibungen durch Stichwörter verbessern die Auffindbarkeit der Videos in Suchmaschinen.
> Die Kenntnis der Geschäftsbedingungen ist besonders im Zusammenhang mit Eigentumsrechten und kommerzieller Nutzung wichtig.

Schlagwort(e) im Netz:

- Video Portal, Video Community

Beispiellinks:

http://de.youtube.com; http://www.myvideo.de; http://video.google.de

Verwendbar für:

- Szenarien: Ausstellung/ Veranstaltung (A).
- Ministudien Zu ausstellungs-/ veranstaltungsbezogenen Themen.
- Präsentation eines „Objekts des Monats".

LB

WERBEBRIEFE (PRINT)

Kurzer Brief der dem Adressaten durch seinen Inhalt ein konkretes Angebot offeriert, ihn informiert, einlädt o.ä.

Vorteile:

- Bauen Sie den Kontakt zu neuen Kunden auf und halten Sie diesen.
- Präsentieren Sie auf persönlicher Ebene Ihr Angebot, auch ohne direkten Kontakt.
- Jeder kann unter Beachtung weniger wichtiger Aspekte, einen exakt abgestimmten Werbebrief formulieren.
- Sie können lediglich durch die richtige Formulierung einen neuen (zahlenden) Kunden gewinnen.

Beachtenswert:

- Äußere Form und Inhalt müssen gleichermaßen qualitätvoll sein. Vernachlässigen Sie einen dieser beiden Aspekte, wirkt auch der andere nicht.
- Vermeiden sie oberflächliche, schwammige Floskeln. Fragen Sie sich was Ihr Werbebrief leisten soll und formulieren Sie dementsprechend ein klares Angebot, informieren Sie, nennen Sie die Vorteile und seien Sie überzeugend.
- Senden Sie Ihren Werbebrief nur an Ihre Zielgruppe, da auch die verhältnismäßig geringen Kosten einen Verlust darstellen, wenn Sie keine positive Reaktion erzielen.
- Passen Sie Ihren Werbebrief dem Adressaten an, um eine möglichst positive Reaktion zu erzielen.
- Am Ende eines Werbebriefes sollte eine klare Handlungsaufforderung stehen (z.B. Besuch der Ausstellung, Weiterinformieren auf der Website, etc.)

TIPPS UND TRICKS

- ➢ Machen Sie Ihren Werbebrief zu einem Hingucker mit individuell gestalteten Umschlägen oder Briefmarken.
- ➢ Erstellen Sie eine gut gepflegte Adressliste (z.B. in Excel). Dies ist der Schlüssel zu einem erfolgreichen Werbebrief.
- ➢ Werbebriefe sollten immer einen konkreten Empfänger enthalten. Sonst landen sie vor allem bei Firmen und Institutionen schnell im Papierkorb.

Schlagwort(e) im Netz:

- Werbebrief, Direktmarketing

Beispiellinks:

http://www.werbebriefe.com/;http://www.nbaservice.com/werbebrief.html

Verwendbar für:

- A: Laden Sie zu einer Ausstellung ein, einem Vortrag und zu jeder anderen Veranstaltung.
- D: Stellen Sie Ihre Publikation vor, Ihren Roman, den Grabungsbericht o.ä.
- Senden Sie einen Gutschein mit, z.B.: Bei sofortiger Reaktion auf den Werbebrief kann der Empfänger eine Begleitperson kostenlos zur Ausstellung mitbringen   CK

WERKZEUGE

→ s. Kalender, Office Software, Texte- Tabellen

3 Anhang

3.1) Glossar

Ziel dieser Werbefibel ist es im Wesentlichen, Möglichkeiten zur systematischen und (fast) kostenlosen Werbung darzustellen. Begriffe aus den anderen Themenfeldern von Cultural Business (Steuerung und Vermarktung) werden daher nachfolgend auch nur grob erklärt. Ausführliche Erläuterungen und konkrete Anwendungen zu diesen und anderen Begriffen erhalten Sie in dem Anwenderbuch Cultural Business – Kultur mit Gewinn.

Ansprachekette
Zeigt mit welchen Medien und in welcher Kombination und Systematik die Zielgruppe angesprochen wird, um einen Werbeerfolg zu erzielen (Kauf eines Buches, Ausstellungsbesuch, Mitgliedschaft im Freundeskreis, etc.).

(Markt-)Angang
Beschreibt wie der Markt angegangen wird – mit welchen Produkten, welchen Botschaften, in welchem Zeitraum etc. Die Ansprachekette ist ein wesentlicher Bestandteil des Marktangangs.

Aufmerksamkeitsschwelle
Ist kein direkt messbarer Wert, sondern beschreibt, dass Werbung regelmäßig erfolgen muss, um auch von der Zielgruppe wahrgenommen zu werden. Bei tausenden von Werbebotschaften, die wir täglich erhalten, kann nur über wiederholte und auffällige Werbung erreicht werden, dass die beworbenen Leistungen dauerhaft wahrgenommen werden, weil sie über der Aufmerksamkeitsschwelle liegen.

Gremium
Damit ist hier ein Entscheidungs-Gremium von Gutachtern einer Institution oder einer Stiftung gemeint. Diese entscheiden über die Förderung eines Projektes.

Direktmarketing
In der Fachsprache auch als Dialogmarketing bezeichnet, umfasst es alle Medien der persönlichen Werbung bei denen es vor allem um Werbebriefe per Post oder per E-Mail geht.

Gewinnschwelle / Breakeven-Point
Bezeichnet den Wert bzw. die Anzahl an verkauften Produkten, ab dem ein Projekt kostendeckend ist.

Kostendeckungslücke
Entsteht wenn der Aufwand des Projektes größer ist als die realistisch berechneten Einnahmen. Die Kostendeckungslücke lässt sich über die Vermarktung von Sponsoringangeboten oder über Zusatzprodukte schließen.

Kontaktpunkte
Sind die „Punkte" an denen die Zielgruppe erreicht wird. Das können Veranstaltungen, Schwarze Bretter von Institutionen, aber auch Medien wie Zeitschriften, etc. sein.

Klickraten
Damit messen Sie, wie erfolgreich der Internetauftritt ist. Genau genommen sind mehrere Messwerte zu unterscheiden: Besucher (Unique Visitors) zeigt, wie viele Personen Ihre Internetseite (einschließlich Unterseiten) aufgesucht haben. Über die Seitenaufrufe (Page Impressions) stellen Sie fest wie oft Ihre Internetseiten (einschließlich Unterseiten) von den Usern angeklickt wurden. Teilen Sie die Seitenaufrufe durch die Anzahl der Besucher, wissen Sie wie viele Seiten jeder Besucher durchschnittlich angeklickt hat.

Kunde
Nach der Definition ist Kunde jeder, der von Ihnen eine entsprechende professionelle Leistung erwartet. Konkret heißt das: Mitglieder von Fördervereinen sind genauso als Kunden zu betrachten und zu behandeln wie z.B. Besucher einer Ausstellung.

Lobbyarbeit
Im engeren Sinne wird im politischen Bereich unter Lobbyarbeit verstanden, eine positive Stimmung für ein Vorhaben bei den Politikern zu schaffen. Für den Kulturbereich bedeutet Lobbyarbeit, vor allem wenn es um Förderanträge geht, rechtzeitig im Vorfeld bei den Gremien und Gutachtern für Sie und ihr Forschungsthema eine positive Grundhaltung zu schaffen. Das gelingt z.B. über Smalltalk auf den entscheidenden Kongressen und Fachtagungen. Der manchmal etwas zweifelhafte Ruf von Lobbyarbeit ist nicht gerechtfer-

tigt. Eine gute Lobbyarbeit ist absolut seriös und hat rein gar nichts mit „Klüngel und Mauschelei" zu tun.

Multiplikatoren
Sind je nach Projekt Meinungsbildner und Journalisten, deren positive Bewertung dazu führt, dass sich viele dieser Meinung anschließen.

Streuverluste
Entstehen, wenn ein Medium gewählt wird, das zwar eine hohe Verbreitung haben kann, was allerdings nur von einem kleineren Teil Ihrer Zielgruppe genutzt wird.

Werbedruck
Beschreibt bildhaft wie intensiv Sie Werbung bei Ihrer Zielgruppe betreiben.

Zielgruppe
Ist in der allgemeinen Werbung ein klar beschreibbarer Typus von Personen mit einem einheitlichen Interesse, gemeinsamen Lebens- und Wertvorstellungen und einheitlichem Informationsverhalten.

Zielperson
Ist in der persönlichen Werbung (Direktmarketing) das Gegenstück zur Zielgruppe und bezeichnet die angesprochene / angeschriebene Person möglichst präzise mit ihren Vorlieben und ihrem Informations- und Kommunikationsverhalten.

3.2) Tipps und Tricks

Vor allem bei den Online-Medien der Ansprachekette gibt es einige rechtliche Rahmenbedingungen, die Sie kennen sollten. Doch sollen die nachfolgenden Anmerkungen lediglich für bestimmte Risiken sensibilisieren. Sie sind weder vollständig noch rechtlich belastbar. Auch hier erfahren sie mehr im Anwenderbuch Cultural Business - Kultur mit Gewinn und auf der Website **www.cultural-business.com.**

Internetseiten und Impressumspflicht
Verwenden Sie sicherheitshalber ein Impressum auf Ihrer Internetseite. Das Telemediengesetz äußert sich hier im Falle von Kulturinstitutionen und Kul-

turprojekten nicht eindeutig. Tipp: mit dem Impressumassistent unter **http://www.digi-info.de/de/netlaw/webimpressum/assistent.php** geht das ganz einfach.

Internetseiten und angegebene Links

Weisen Sie bei Ihrer Website darauf hin, dass Sie für den Inhalt der Seiten (und deren rechtliche Unbedenklichkeit), auf die Sie verlinken, nicht verantwortlich sind. Tun Sie das nicht, sind Sie für die Inhalte der verlinkten Seiten haftbar. An diese Stelle passt auch der Hinweis, dass die Autoren der vorliegenden Werbefibel ebenfalls für die rechtliche Unbedenklichkeit der angegebenen Webseiten nicht haften. Mehr zu Rechtsthemen erfahren Sie unter **http://www.digi-info.de/de/netlaw/tipps/index.php**

Newsletter: Verwendung von E-Mail Adressen

Sie benötigen bei einem Newsletter das schriftliche Einverständnis des Adressaten, dass er den Newsletter wirklich bekommen will. Können Sie dies nicht eindeutig nachweisen, so schreibt das Telemediengesetz Geldbußen von bis zu 200.000 € vor. Aktuelle Hinweise finden Sie am besten unter **http://www.e-rabbit.de.**

Briefformate und Schreibweisen

Professionelle Schriftstücke in Wirtschaft und Verwaltung unterliegen der DIN Norm 5008. Sie regelt z.B. nicht nur wie Telefonnummern zu gliedern sind, sondern auch welche Angaben in Geschäftsbriefen und E-Mails enthalten sein sollten. Gerade in Ihrer persönlichen Werbung und Sponsorenakquise von Wirtschaftsunternehmen wirken Sie mit Ihrem Projekt professioneller, wenn Sie die Normvorgaben beachten. Tipp: die Briefvorlage auf **www.cultural-business.com** entspricht bereits der Din 5008. Weitere Infos finden Sie unter **www.tastschreiben.de**

Werbung allgemein: Nutzungsrechte von Bildern

Achten Sie darauf, dass Sie für Ihre Werbung nur eigene Bilder verwenden bzw. Bilder nutzen, bei denen Sie nachweisen können, dass die Urheber von ihrem alleinigen Verwendungsrecht zurücktreten. Vor allem Bildagenturen, die die Nutzungsrechte von Bildern (es geht hier um Beträge zwischen 200 € bis 10.000 € und mehr pro Bild) vermarkten, achten vermehrt auf das Einhalten ihrer Nutzungsrechte. Ein Nichtbeachten kann schnell bedeuten, dass die jeweilige Bildagentur eine Nachforderung von mehreren tausend Euro an Sie stellt.

Entwürfe von Agenturen: Urheberrechte

Falls Sie Entwürfe und Werbematerialien von einer Werbeagentur entwickeln lassen, erkundigen Sie sich nach den Kosten für die Abtretung der Urheberrechte an Sie und die uneingeschränkte Verwendung. Ansonsten kann die Agentur z.B. Nutzungsrechte für das Logo verlangen, was in Ihrem Auftrag von der Agentur entwickelt und von Ihnen „eigentlich" schon bezahlt wurde. Mehr erfahren Sie auch in diesem Fall im Anwenderbuch.

3.3) Gesamtchecklisten

Wie eingangs beschrieben finden Sie hier eine Gesamtcheckliste für alle Themenfelder von Cultural Business. Sie war im Buch Cultural Business - Kultur mit Gewinn in Teilen den jeweiligen Abschnitten zugeordnet. Diese Liste ist vor allem für jene als Hilfestellung gedacht, die bereits etwas Erfahrung im Kultur- und Projektmanagement haben. Sie haben hier eine fortlaufende Checkliste, mit der Sie Stück für Stück Ihr Projekt erfolgreich planen und umsetzen können - Damit Sie nichts Wesentliches vergessen. Sie beschäftigen sich neu mit der Thematik? Dann sei Ihnen das Ursprungsbuch und die Website **www.cultural-business.com** empfohlen. Deshalb finden Sie in der Werbefibel auch nur in Ausnahmefällen kurze Erläuterungen, wie die Listen auszufüllen sind. Anderenfalls hieße das, die Inhalte des ersten Buches noch mal abdrucken.

Übrigens: diese Liste finden Sie auch als Vorlage zum Download auf der Website.

Bevor es losgeht: Zielgruppen, Kernbotschaften etc.

Zieldefinition

	Ihr Ziel
Wann ?	
Wen ?	
Wie ?	
Was genau?	

Checkliste Zielgruppen

	Kernzielgruppe 1	Kernzielgruppe 2	Sponsoren	Multiplikatoren
An wen richte ich mich bzw. mein Angebot?				
Welche gemeinsamen Verhaltensmuster haben sie?				
Welche Erwartungen und Bedürfnisse haben sie?				
Wo muss ich sie ansprechen?				
Wie muss ich sie ansprechen?				

Checkliste Analyseschritte Vermarktung

Wettbewerbsanalyse					
Mit wem stehen Sie im Wettbewerb?					
Was können Ihre Wettbewerber gut?					
Was unterscheidet Sie von Ihrem Wettbewerber?					
Bieten Sie die gleichen Leistungen an?					
Was können Sie besser als Ihre Wettbewerber?					

Wettbewerbsanalyse Werbung			
Wie deutlich stellt Ihr Wettbewerber seine Stärken nach außen dar?			
Was, glauben Sie, macht Ihren Wettbewerber einzigartig?			
Warum, glauben Sie, gehen Kunden zu Ihrem Wettbewerber?			

Marktanalyse						
Was sind die Besonderheiten des Marktes?						
Wie groß ist das Marktvolumen (Gesamtumsatz)?						
Welche vergleichbaren Angebote gibt es?						
Welche Nischen (Spezialangebote) können genutzt werden?						
Wie hoch sind die Marktpreise für die angebotenen vergleichbaren Produkte (z.B. Eintrittspreise)?						
Wie groß ist die Gesamtzielgruppe im Markt?						

Eigenanalyse										
Ihr Projekt/ Kulturbetrieb und Ihre „Kunden":										
Was können sie bei Ihnen bekommen?										
Was sind Ihre profitabelsten Leistungen?										
Was kann Ihre Zielgruppe nur bei Ihren Wettbewerbern bekommen?										
Was können Sie besonders gut?										
Was können Sie weniger gut?										
Warum sollten sie bei Ihnen kaufen?										
Was macht das Besondere Ihres Projektes aus?										
Welche Vorteile können Sie im Marktumfeld ausspielen?										
Gibt es kommunale Abhängigkeiten, die ein Kulturprojekt scheitern lassen?										

Eigenanalyse Werbung

Wie deutlich stellen Sie Ihre Stärken nach außen dar?			
Wie gut macht Ihre Werbung auch Ihr Alleinstellungsmerkmal deutlich?			
Ist der Grund, warum Ihr Kunde nur bei Ihnen kaufen soll, für ihn klar erkennbar?			

Checkliste Analyseschritte Kostendeckung

Kostentransparenz

Wie hoch sind Ihre Fixkosten?			
Wie hoch sind Ihre variablen Kosten?			
Wie hoch liegen Ihre Gemeinkosten?			
Wie weit leistet Ihr Projekt einen Beitrag zur Deckung der Gemeinkosten?			
Welche Marge haben Sie kalkuliert?			

Preistransparenz

Wie hoch ist Ihr Stückpreis (z.B. Eintritt pro Besucher)?			
Wenn ja, wie hoch ist Ihre Kostendeckungslücke?			

Vermarktung

Checkliste – Bilden Sie Ihre eigenen Kernbotschaften

		Zielgruppe 1	Zielgruppe 2 …
A	Was werden Sie für den Kunden/ Ihre Zielgruppe tun?		
B	Für wen wollen Sie es tun? (im Falle der Primärzielgruppe identisch mit A)		
C	Wie wollen Sie es tun?		
D	Warum wollen Sie es tun?		
E	Was ist der Vorteil/ Nutzen für Ihren Kunden/ Ihre Zielgruppe?		
F	Was ist Ihr Alleinstellungsmerkmal?		

Checkliste Fahrstuhlrede

Checkliste		Ihre Fahrstuhlrede
Ausgangslage	Wie ist die Situation?	
Problem	Was ist das Problem/ die Aufgabenstellung?	
Lösung	Wie ist Ihre Lösung für den Kunden/ die Zielgruppe?	
	Welchen Nutzen gibt es für die Zielgruppe/ den „Gesprächspartner"?	
	Welches Alleinstellungsmerkmal gibt es?	
	Welche Vorteile hat Ihre Lösung?	

Checkliste Mediamix, Pressearbeit

Kommunikationsformen	Medium	Einsatz		Frequenz /Monat
		ja	nein	
Werbung	Veranstaltung			
	Ausstellung			
	Internet			
	Flyer			
	Broschüren			
	Plakate/ Außenwerbeflächen			
	Werbemittel			
	Aktionen/ Gewinnspiele			
	Direktmarketing/ Mailings			
	Newsletter			
	Mailingformen (Print, HTML)			
PR (Public Relations) Öffentlichkeitsarbeit	Bücher, Eigenredaktion			
	Magazine, Eigenredaktion			
	Pressemitteilung			
	Pressemappe			
	Pressekonferenz			
Lobbyarbeit	Fachvorträge			
	Spezielle Infodienste			

Skizzierung der Pressestrategie

Wie ist Ihre Pressestrategie ausgerichtet; regional, national, international?	
Welches sind die wichtigsten Medien?	
Welche Reichweiten haben diese?	
Kennen Sie die (Namen der) Ressortleiter in diesen Medien?	
Wie oft kontaktieren Sie diese?	
Welche werthaltigen Informationen liefern Sie diesen?	
Wie profitieren diese davon, wenn sie Artikel über Ihr Projekt veröffentlichen?	
Haben Sie eine Pressemappe?	
Mit welcher Frequenz erstellen Sie Pressemitteilungen und an welche Medien gehen diese?	

Skizzierung der Lobbystrategie

Welches sind die wichtigsten Multiplikatoren und Entscheidungsträger für Ihre Lobbyarbeit?	Wie weit kann es diesen selbst (z.B. politisch) nützen, Ihr Projekt zu unterstützen?	Welche Maßnahmen haben Sie ergriffen, um diese zu kontaktieren?	Wie hoch ist Ihre Kontaktfrequenz?	Was tun Sie, um diese an Ihr Projekt zu binden bzw. damit diese Ihr Projekt unterstützen?	Was wissen Sie über Vorlieben und Abneigungen Ihrer Ansprechpartner?

3.4) Die Autoren und ihre Aufgaben im Projekt

Entstanden ist dieses Buch aus einem Kurs mit Studenten der Universität Bonn. Ihnen ging es darum, die gelernten Instrumente von Cultural Business anwenden zu lernen und an einem konkreten Projekt Vermarktung, Steuerung und Produktion zu erfahren:

Lukas Bohnenkämper: Projektleitung und Steckbriefe (LB)

Hannah Brust: Redaktion und Steckbriefe (HB)

Christian Dingenotto: Dozent, Grundkonzeption und Ansprachekette (CD)

Caroline Kaiser: Vermarktung und Steckbriefe (CK)

Stephanie Kirsch: Layout, Kostenrechnung und Steckbriefe (SK)

Für Ihre Notizen

....